Karlfried Graf Dürckheim

Der Ruf nach dem Meister

KARLFRIED GRAF DÜRCKHEIM

DER RUF NACH DEM MEISTER

Die Bedeutung
geistiger Führung
auf dem Weg
zum Selbst

OTTO WILHELM BARTH VERLAG

1. Auflage der Neuausgabe 1986
Copyright © 1975 und 1986 by Scherz Verlag,
Bern, München, Wien, für den Otto Wilhelm Barth Verlag.
Alle Rechte der Verbreitung, auch durch Funk, Fernsehen, fotomechanische
Wiedergabe, Tonträger jeder Art sowie durch auszugsweisen
Nachdruck und durch Übersetzung, sind vorbehalten.

VORWORT

Immer öfter ertönt in unserer Zeit – besonders von Seiten der jungen Generation – der Ruf nach dem Meister. Dieser Ruf eröffnet eine neue Epoche in der Geschichte des abendländischen Geistes.

Im Ruf nach dem »Meister« meldet sich eine »Neue Zeit«, die die altgewordene »Neuzeit« hinter sich läßt. Der Ruf nach dem Meister ist ein Symptom der Ablösung des Zeitalters der »Aufklärung« durch eine neue Aufklärung. In ihr erkennt der Mensch des Westens, daß er in der Geistigkeit, die bisher für ihn maßgebend war, der eigentlichen Wirklichkeit verstellt war. Ein neues Tor geht auf.

Der Ruf nach dem Meister bedeutet eine Absage an die Rolle des bisherigen Erziehers und Lehrers, sofern diese den Anspruch erheben, dem Menschen nicht nur Wissen und Können zu vermitteln, sondern ihn auch zu einem rechten Menschen und für ein rechtes Leben heranzubilden; denn in ihrem Bilde des »Rechten« fehlt das Entscheidende: Der verpflichtende Bezug zur *Transzendenz* und zu der in ihm gründenden Möglichkeit zu der menschliches Sein vollendenden *Reife*. Wo der Mensch nur auf Durchsetzungskraft, nützliche Leistung und Wohlverhalten ausgerichtet wird, bleibt sein eigentliches Menschsein im Schatten.

Aus dem gleichen Grunde wie die bisherige Vorstellung vom rechten Menschen erweist sich heute auch die maßgebend gewordene Vorstellung von »Wirklichkeit« als nicht mehr haltbar; denn sie hat sich auf das verengt, was der Mensch mit seinen fünf Sinnen wahrnehmen, mit seinem Verstand erkennen, begrifflich ordnen und technisch meistern kann. Dann hat Wirklichkeit nur, was rational anerkannt werden kann! Was darüber hinausgeht, gehört in das Reich der Phantasie, des Wunschdenkens, des Gefühles oder des Glaubens, ist also eine zur Intimsphäre gehörige, »subjektive« Privatsache jedes einzelnen. In dieser Auffassung gibt es kein Ernstnehmen der Transzendenz, als der unser Leben durchwirkenden überweltlichen, überraumzeitlichen Wirklichkeit des *Seins*.

Eine Ursache für die Stetigkeit, mit der die Säkularisierung immer weiter fortschritt, bestand in der irrigen Meinung, Transzendenz läge nicht mehr im Bereich nachprüfbarer Erfahrung. In dieser Vorstellung fanden sich die Hüter des »Glaubens« und die empirisch sich ausweisenden Vertreter der Wissenschaft verbunden. Je mehr sich die Vertreter des Glaubens aber allein auf Offenbarung berufen und sich der Erfahrbarkeit der Transzendenz verschließen, um so mehr verstärken sie die Position der glaubensfernen, aber empirisch sich ausweisenden Rationalisten. Hier vollzieht sich heute eine Wandlung. Der wirklich empirisch vorgehende Wissenschaftler sieht sich immer mehr gezwungen, eine Dimension des Lebens nicht nur als vorhanden, sondern als in maßgeblicher Weise wirksam anzuerkennen, die rational nicht faßbar ist und auch nicht aus irgendwelchen »Bedingungen« erklärbar. Und die Vertreter des christlichen Glaubens, Laien wie Priester, beginnen ihrerseits wieder den Zugang zu religiösen Urerfahrungen zu suchen, deren Vernachlässigung sie selbst als eine Ursache für den Glaubensschwund unserer Zeit erkennen. Aber weder die Psychologen und Psychotherapeuten alten Schlages, noch die in ihrer Tradition stehenden Priester können so ohne weiteres dem stürmischen Verlangen genügen, das heute aus der Not einer Jugend aufbricht, die dem »Glauben« entfremdet, aber nach »Transzendenz« verlangend weder durch wissenschaftliche Bedenken noch durch religiöse Bindungen gehemmt ist.

Mit unabweislicher Gewalt drängt in unseren Tagen die überweltliche Wirklichkeit in das Bewußtsein des Menschen und will wahrgenommen werden im lebendigen Erleben wie im verantwortlichen Handeln. »Transzendenz als Erfahrung« war immer »da«, unbewußt im lebendigen Glauben am Werk da als unbegreifliche Kraft und absolutes Gewissen, aber dem erkennenden Bewußtsein verborgen. Die Tore beginnen sich heute zu öffnen. Wer sich hindurchwagt, betritt Neuland. Die junge Generation drängt hinein. Die Droge ist offenbar der falsche Eingang. Wer zeigt den rechten? Wer weiß, worum es geht? Wer zeigt den Weg?

Die Not des dem überweltlichen Sein entfremdeten Menschen ist nicht nur in der Jugend lebendig, aber zur Behebung dieser Not bedarf es für Jung und Alt eines neuen Standes, zu dem besondere Erfahrung, Berufung, Wissen und Reife gehören. Es bedarf des *Meisters* – in welchem Amt und in welchem Gewande er auch sonst in der Welt noch für Menschen verantwortlich am Werke sein mag: als Erzieher, Psychologe, Therapeut, Priester oder anderes.

Meister – meisterliches Dasein und Wirken in der Welt – ist wirkkräftige Bezeugung der all unser Leben bestimmenden Transzendenz. Wenn wir in diesem Buch von Transzendenz sprechen, was meinen wir damit? Wir meinen das unfaßbare, all unser Leben durchwirkende WESEN aller Wesen, das überweltliche, überraumzeitliche, übergegensätzliche göttliche SEIN, das LEBEN, das jenseits ist von Leben und Tod. Wir meinen das WESEN, an dem wir in individueller Weise teilhaben in unserem eigenen Wesen, das LEBEN, aus dem und in dem wir sind, das uns immer von neuem heimnimmt und wieder hervorbringt, und das in uns und durch uns offenbar werden will in der Welt. Wir sprechen von diesem Transzendenten nicht auf Grund eines überlieferten Glaubens, sondern auf Grund besonderer Erfahrungen, in denen das SEIN in seiner überweltlichen Fülle, Gesetzlichkeit und Einheit den Menschen anrührt, anruft, befreit und verpflichtet. So erfahren wir es auch als ein DU. Warum sprechen wir dann nicht einfach von Gott? Weil für den wahrhaft Betroffenen und Suchenden unserer Zeit die Erneuerung des religiösen Lebens erschwert, ja, gefährdet wird, wenn die Urerfahrungen des Göttlichen, die er heute sucht, alsbald in einen Gottesbegriff oder irgendwelchen theologischen herkömmlichen Formeln eingefangen werden, deren Entleerung die Glaubenskrise unserer Zeit herbeigeführt hat. Wenn wir wechselweise von der anderen Dimension, vom überweltlichen Leben, dem göttlichen Sein, dem überraumzeitlich Wirklichen, dem Absoluten, dem Großen Leben sprechen, oder LEBEN mit großen Buchstaben schreiben, so meinen wir damit doch immer nur das eine unendliche *Geheimnis*, dessen Diener und Zeuge zu sein, die Bestimmung des Menschen ist. So läßt sich auch das Wesen des Meisters, als dem Zeugen und Diener des LEBENS, begrifflich niemals fixieren. Es läßt sich nur andeuten, worum es, wenn man vom »Meister« spricht, geht. Es gibt keine begrifflich lineare Darstellung seines Wesens und Wirkens. Was er ist, was von ihm ausgeht, was durch ihn hindurchgeht und was in ihm gesucht wird, das läßt sich nur umkreisen wie einen geheimnisvoll verborgenen Kern. Von welcher Seite man ihn auch anleuchten mag, immer zeigt der Gesuchte neue Figuren und Gesichter. In allen aber kommt doch immer das Gleiche hervor. Solch zyklisches Betrachten, das Spiegelung der einen Mitte von vielen Seiten aus ist, bringt notwendigerweise sprachliche Wiederholungen mit sich – Grundformeln für das, was durch alle Spiegelungen hindurchleuchtet.

Dieses Buch will kein Beitrag sein zur »Wissenschaft vom Menschen«, kein Beitrag zur Psychotherapie oder Pädagogik, kein Angriff auf Theologie oder Seelsorge. Vielleicht aber kann es allen, die für Menschen und ihr Heilsein verantwortlich sind, helfen, in sich selbst und in denen, die ihnen anvertraut sind, die Quelle der Wahrheit unseres Lebens wieder fließen zu lassen, die in unserer Zivilisation, insbesondere ihren Schulen und Hochschulen, zu versanden und zu versiegen droht.

Es geht um die Wiederentdeckung des überweltlichen LEBENS und um den Weg zu seiner Bezeugung in der Welt. Zu beidem bedarf es des Meisters.

DER RUF NACH DEM MEISTER

I. DURCH ALLE ZEITEN

1. Der Meister als Archetyp

Alle Urgestalten des menschlichen Lebens gewinnen ihre besondere Bedeutung jeweils auf dem Hintergrund der Welt, in der sie erscheinen. Sie haben ihren jeweils besonderen Sinn und Stellenwert im Rahmen eines historisch konkreten Ganzen, so auch die Figur des Meisters.

Der Meister bedeutet etwas anderes im Osten als im Westen, und hier wie dort etwas anderes im Laufe der Jahrhunderte. Immer hängt seine Erscheinung auch eng mit einer religiösen Tradition zusammen. So stellt er etwas anderes dar im Buddhismus, im Hinduismus oder im Raum des Christentums. So aber, wie wir von keiner der uns fernen Religionen auch nur etwas verstehen könnten, wenn nicht in jeder von ihnen, wenn auch in jeweils besonderer Abwandlung, etwas allen Menschen Zugedachtes zum Ausdruck käme, so können wir auch vom Meister nur darum Allgemeines aussagen, weil in all seinen historischen Erscheinungen etwas ihnen Gemeinsames zum Ausdruck kommt.

Jeder Mensch ist eine besondere Erscheinungsform des uns alle beseelenden *Lebens*. Jeder Mensch ist in seiner Zeit, an seinem Ort und kraft seines Wesens und seiner Stufe eine ganz bestimmte Erscheinung im Ganzen des sich manifestierenden göttlichen Seins. In jedem von uns tritt *Leben* in einmaliger Gestalt und besonderem Bewußtsein hervor. In allen Abwandlungen der Menschenwelt aber erscheint doch immer, das Sein mehr oder weniger offenbarend, die eine Idee: *der Mensch*. Und ebenso gibt es auch durch alle seine geschichtlichen Erscheinungsformen hindurch *die* »Idee des Meisters« als einer Höchstform menschlicher Manifestation des göttlichen Seins. »Der Meister«, das meint den Mensch gewordenen Ausdruck des »*Großen Lebens*« – das sich durch alle Widerstände hindurch, die es im kleinen Leben des Menschen gewöhnlich verdunkeln und verschleiern, in einem Menschen durchgesetzt hat, schöpferisch-erlösend. Im Meister gewinnt das überweltliche *Leben* eine es in besonderer Weise offenbarende und fortzeugende Form in der menschlichen Welt. Der Meister ist ein Archetyp menschlichen Seins. Was bedeutet das?

Es gibt gewisse Wurzelphänomene und Quellen, Urformen und Grundgestalten menschlichen Lebens, die sich überall finden, wo menschliches Leben erscheint. Immer ist es eingespannt zwischen Leben und Tod, Sinn und Unsinn, Einsamkeit und Geborgenheit, Kindheit und Erwachsensein, Individuum und Gemeinschaft etc. Immer schwingt es zwischen Ausgang und Heimgang, zwischen Yang und Yin, ist gespannt zwischen den Polen des Männlichen und Weiblichen, zwischen Tag und Nacht, Himmel und Erde, Bewußtsein und Unbewußtsein.

Überall, wo menschliches Leben ist, gibt es Zeugen und Empfangen, Verheißung und Not, Freud und Leid, Sicherheit und Angst, Schutz und Gefahr, Sattheit und Hunger, Wachen und Schlaf, Krankheit und Heilung. *In* all diesen Gegensätzen erscheint das LEBEN.

Das *Leben* ist nicht dies oder das, sondern ein Übergegensätzliches, das sich in allen Gegensätzen darlebt. Es ist das Ganze, das die Widersprüche in sich birgt und übergreift. Es ist das Übergreifende, das sich im Kampf und Spiel der Gegensätze manifestiert, weiterschreitet von Gestalt zu Gestalt, im ewigen Wandel der Formen. Der Fülle und Einheit des Lebens innewohnend ist die geheime Ordnung, ist das Gesetz. So erscheinen immer ähnliche Grundsituationen, die gleichen Sackgassen, Blockaden, Zusammenbrüche, Aufbrüche und Durchbrüche zu neuem Aufstieg.

In der unendlich scheinenden Vielfalt seiner Erscheinungen, von Kräften und Gegenkräften, begegnen wir dem Menschen in immer gleichen Urgestalten menschlichen Daseins. Wir finden ihn als Vater, Mutter, Kind, Jüngling und Mädchen, finden ihn in ähnlichen Ständen als Bauer, Handwerker, Lehrer, Soldat, Arzt und Priester, – wiederkehrende Träger menschlicher Gemeinwesen.

Wo immer der Mensch allein ist, fragt er nach dem, der sich ihm zugesellt. Wo immer er in Not ist, sucht er den, der ihm hilft. In jeder Sackgasse verlangt er nach dem, der ihm den Ausweg zeigt. Zu jeder Urnot des Lebens gehört eine rettende Macht. Wiederkehrenden Nöten, Sehnsüchten und Hoffnungen entsprechen zugehörige Gestalten helfender Figuren. Eine solche ist auch der Meister.

Der Meister als Archetyp ist die Urantwort auf eine Urnot, in die der Mensch auf einer bestimmten Stufe seiner Entwicklung gerät. Er ist diese Antwort als Weiser des Weges zur Erfüllung der dem Menschen innewohnenden Verheißung. In unseren Tagen kommt eine schnell wachsende Zahl von Menschen in diese Not und in die Ahnung dieser Verheißung. Und darum ertönt von allen Seiten der Ruf nach dem Meister.

Welche Not, welche Verheißung ist am Werk, wo immer nach dem Meister gefragt wird? Welche Gegensätzlichkeit wird durch sein Wirken geklammert, welche Zerreißprobe mit seiner Hilfe überstanden, welches neue Leben durch ihn entbunden, welcher Weg durch ihn gewiesen?

2. Mittler zwischen Himmel und Erde

Die Grundnot, die nach dem Meister ruft, ist die, die dem Menschen aus seiner zweifachen Herkunft erwächst. Es ist die Not aus der Gegensätzlichkeit seines irdischen und himmlischen Ursprungs und das Leiden aus der Verlorenheit an die Welt. Der Meister verkörpert die Verheißung eines Wiedereinswerdens mit dem überweltlichen Sein, und dies nicht nur in einem hoffnungserfüllten Glauben, sondern in realer Erfahrung und auf dem Weg verwandelnder Übung. Dem Urmenschen wie dem Kinde ist die zweifache Herkunft noch nicht bewußt. Seine Doppelnatur ist noch vom Ur-Einen übergriffen, Himmel und Erde, Jenseits und Diesseits in der Gestimmtheit des Lebens noch ineinander verwoben. Doch einmal kommt dann der Bruch.

So weit unsere Kenntnis in die Zeiten und Räume zurückreicht, überall finden wir, daß der Mensch sein Dasein in der Spannung zweier Wirklichkeiten erlebt: die eine, in der er sich kraft seiner eigenen Erfahrungen und dem Erfahrungsschatz und der Überlieferung seiner Gemeinschaft mehr oder weniger auskennt und als Herr der Lage fühlt, und eine andere, die die ihm bekannte Wirklichkeit dieser Welt unheimlich durchwittert und für ihn nicht in der gleichen Weise faßbar und beherrschbar ist, – sondern ungreifbar und doch tief eingreifend in sein Leben. Immer ist eine Wirklichkeit da, die jenseits der Grenzen seiner Macht liegt und sich dem Zugriff seiner natürlichen Kräfte entzieht, – unberechenbar, bald segenspendend, bald gefährlich.

Zu allen Zeiten gab es Menschen, die über den anderen zu stehen schienen, kraft einer besonderen Fühlung, die sie offenbar zu dieser anderen Dimension hatten und dank der Mittel, über die sie anscheinend verfügten, mit den Mächten der höheren Wirklichkeit in Kontakt zu treten – sei es, daß sie wußten, wie der Mensch sich zu seinem Heil ihnen gegenüber zu verhalten hatte, oder wie er sie durch besondere Übungen und Opfer günstig stimmen konnte. Denn darüber hat es nie einen Zweifel gegeben: diese andere Wirklichkeit war die stärkere, sowohl als bedrohliche wie als helfende Macht. Sie war und blieb die übergreifende, die letztlich maßgebende, sowohl als Grundgefährdung des Daseins wie als Hoffnung und richtunggebende Verheißung eines besseren, eines leidfreien Lebens. Immer aber schien das Verhalten der »Mächte« in irgendeinem Zusammenhang mit dem Verhalten des Menschen zu stehen. Und so stellte sich immer von neuem die Frage: Was ist der Weg zum rechten Kontakt mit den überweltlichen Mächten, der Weg zur Teilhabe an ihrer Macht, das rechte Mittel zum Glück, das sie zu spenden vermögen? Was ist der Weg zur Fühlungnahme, ja vielleicht sogar zur Einswerdung mit der anderen, der überweltlichen Wirklichkeit? Das ist die uralte Frage. Vielfältig die Ebenen und Weisen, in denen der Mensch, je nach der Stufe seines Geistes und der Art seiner Tradition, das Überweltliche zu verstehen, sich günstig zu stimmen oder selbst zu erreichen gesucht hat. Die Mannigfaltigkeit der Religionen gibt davon Zeugnis.

Was immer der besondere Inhalt der *Religionen* und in ihnen die Rolle des Glaubens war, für die lebendige *Religiosi-*

tät blieb auf die Dauer nur das von Bedeutung, was der Gläubige vom Göttlichen am eigenen Leibe erfuhr, sowie das, was er selbst zur Einswerdung mit ihm zu tun vermochte. Immer gab es die drei Fragen: Was ist der Weg? Was ist der Preis? Was ist die »Übung«? Das sind drei Fragen nach dem, der weiß und der führt. In ihnen spiegelt sich auch in unserer Zeit in neuer Weise die uralte Sehnsucht nach dem Mittler zwischen Erde und Himmel. Das ewige Verlangen, eine Lösung der Urspannung zu finden, die zwischen unserem raumzeitlich bedingten Leben und dem überweltlichen LEBEN, dem göttlichen Sein, besteht, bekundet sich heute im Ruf nach dem Meister.

3. Von der Urangst zum initiatischen Wissen

Gewaltig ist die Entwicklung vom Lebensgefühl eines Menschen, der sich den dämonischen Mächten, die sein Leben umspielen, ausgesetzt weiß und versucht, sie selbst oder durch einen Mittelsmann durch Beschwörung und Opfer günstig zu stimmen, bis hin zum Glauben an einen persönlichen Gott, der kraft seiner Liebe die Welt aus der Macht des Bösen erlöst.

Gewaltig ist die Entwicklung aus den Lebens- und Bewußtseinsformen des magischen und mythischen Denkens über das mentale zum integralen Bewußtsein, darin alle vergangenen Stufen sich finden.* Und welche Spanne zwischen der Vorstellung vom Menschen als einem nichtssagenden Staubkorn im All und der Vorstellung vom Menschen, der das makrokosmische Universum in sich selbst in mikrokosmischer Spiegelung trägt und in sich die Verheißung verspürt, die Fülle des Ganzen in sich bewußt und durch sich in menschlich-übermenschlicher Weise offenbar werden zu lassen.

Welcher Abstand zwischen einer von Angst durchzogenen Vorstellung vom Schicksal, die den Feind des Menschen nur in äußeren Mächten sucht, zu der, in der der Mensch den Widersacher seiner möglichen Erfüllung in sich selber ent-

---

* Vgl. Jean Gebser, »Ursprung und Gegenwart«, Deutsche Verlagsanstalt Stuttgart.

deckt. So zwischen dem Medizinmann, der die fernen Götter mit blutigen Opfern gewinnt und dem, in dem sich die Kluft zwischen Diesseits und Jenseits im eigenen Inneren schließt; zwischen dem, der in Leiden und Not nur Gegenmächte des Lebens sieht und dem, der sie als Helfer erkennt auf dem Weg zur Einswerdung des Menschen mit Dem, der über ihm und »jenseits« ist, jenseits nicht nur dieses Lebens, sondern jenseits von Leben und Tod.

In den Weisen, das Verhältnis von Diesseits und Jenseits zu sehen, spiegeln sich die Ebenen und Stufen menschlicher Bewußtwerdung des *Lebens*. So auch in dem die Menschen unserer Zeit unterscheidenden Gegensatz zwischen denen, die im Greifbaren, Tatsächlichen verhaftet, an gegenständliche Erfahrungen gebunden sind, zu denen, die es vermögen, auch das nur der inneren Schau Zugängliche zu erspüren und ernst zu nehmen; so auch zwischen denen, deren maßgebliche Wirklichkeit in Theorie und Praxis auf das im gegenständlichen Bewußtsein Faßbare und technisch zu Meisternde beschränkt ist, und den anderen, die die Realität des Überraumzeitlichen als maßgebend erfahren. Dies ist nur dem inständlichen Bewußtsein zugänglich, ist weder zu begreifen noch zu meistern, das Wissen darum aber die Voraussetzung allen meisterlichen Tuns. In der greifbaren Wirklichkeit ist es mehr verhüllt als offenbar. Es zeigt sich nur dem inneren Auge.

Heute tritt der Unterschied zwischen zwei Gruppen deutlich hervor: Die einen begnügen sich für ihre Entwicklung mit lernbarem Wissen, Können und Wohlverhalten in der äußeren Welt, die anderen suchen darüber hinaus ihr inneres Reifen zum wahren Selbst, das nicht ein Mehr an weltlichem Wissen, Können und Haben voraussetzt und vermittelt, sondern ein Mehr an Fühlung mit dem überweltlichen Sein. Dies erfordert ein andersgeartetes Wissen, das auf Grund von Erfahrungen in das Geheimnis des *Seins* hineinreicht und den Weg in sich hat, dorthin zu gelangen. Es ist das »initiatische« Wissen. Initiare meint den Weg zum Geheimen öffnen.*) Träger, Vermittler und Vollstrecker dieses Wissens ist der Meister!

---

* Vgl. J. Evola »Über das Initiatische«, Antaios. Bd. VI/2 1964, E. Klett-Verl. Stuttgart.

4. Zeitloses Wissen – Die Große Tradition

Es gibt ein zeitbedingtes und ein überzeitliches Wissen. Das Wissen, das der Beherrschung der Welt dient, entwickelt sich stetig weiter. Eine Erkenntnis überholt die andere. Was gestern entdeckt wurde, genügt heute nicht mehr. Aber das Wissen eines Laotse ist eine Weisheit, die heute so gültig ist wie zu seiner Zeit.

Im Weisheitsgut der Menschheit, das sich auf sein inneres Werden und auf sein Verhältnis zum Überweltlichen bezieht, ist etwas lebendig, das unabhängig ist von Raum und Zeit, etwas, das sich im Gewand raumzeitlich bedingter Erscheinungen und Gegensätze sowohl bekundet als auch verhüllt, – aber durch alle Schalen hindurch schimmert das überraumzeitliche LEBEN. Dieses überweltliche Wesen aller Dinge, das ewig Gültige, aber Verborgene, für den, der Augen hat, doch durch alle Erscheinungen Hindurchleuchtende, ist in einem Ur-wissen und Ur-Gewissen enthalten, das dem Menschen eingeboren ist und zu dem er erwachen kann. Die in ihm enthaltene Wahrheit lebt in dem, was man die »Große Tradition« nennt, die, selber zeitlos, sich durch alle Zonen und Zeiten fortsetzt.

Die Große Tradition betrifft das sich in Erfahrungen immer erneuernde Urwissen um die Bedingungen, unter denen das *Sein* sich im Menschen verhüllt hat, aber auch um die Bedingungen, unter denen es wiederum in ihm und durch ihn Gestalt gewinnen kann in der Welt. Sie begegnet uns im erleuchteten Wissen der Weisen und der Meister und im Kerngehalt, in den Schöpfungsmythen und der Erlösungssehnsucht aller großen Religionen.

Die »Große Tradition« ist der Ausdruck für die immer wieder ans Licht des Bewußtseins gelangende Wahrheit von dem durch alle Verstellungen hindurch zu seiner weltlichen Erfüllung im Menschen drängenden überweltlichen LEBEN. Die »Große Tradition« ist die Geschichte des sich selbst entfremdenden und wieder suchenden göttlichen Seins, das im Raum des Bedingten, im Aufstand der Widerwelt, im Widerspruch seiner sterblichen Geschöpfe und vor allem im Bewußtsein des Menschen in die Verborgenheit gerät, aber im Menschen kraft des in seinem Wesen unauslöschlich glühenden Seinsfunkens, wieder zu sich selbst erwachen und zurückfinden kann, – nun in der Helligkeit eines neuen Bewußtseins. In der Wahrheit dieser gewesenen und bevorstehenden Geschichte bewegt sich das initiatische Wissen und das in ihm wurzelnde Tun der Meister. In ihm werden alle Gegensätze aufgehoben, die die Gemüter in ihrer raumzeitlichen Bedingtheit in verschiedene Räume, Rassen, Charaktere, Entwicklungs- und Bewußtseinsstufen trennen. Dies gilt auch für den Unterschied zwischen Ost und West.

Unüberbrückbar scheinen zunächst die Gegensätze zwischen dem abendländischen Ja zur Gestalt, zur Person, zur Geschichtlichkeit unseres Daseins, und der östlichen Lebensauffassung, die zu all dem mehr oder weniger Nein sagt und die Wahrheit letztlich im gestaltlosen, unpersönlichen und übergeschichtlichen *All-Einen* sucht. Aber es gibt die höhere Wahrheit, in der die Gegensätzlichkeit von Ost und West als eine Spannung in uns selbst, das heißt als innermenschliches Lebensthema erkannt wird, darin die Gegensätze als Pole begriffen werden, deren dialektische Spannung das lebendige Ganze, je nach der Betonung des einen oder des anderen, in verschiedener Weise bewegt. Eine solche Betrachtung kann die unterschiedliche Eigenart als andere Akzentuierung der Pole verstehen. Dann wird echte Begegnung zwischen Ost und West und auch zwischen Christentum und Buddhismus aber erst richtig sinnvoll; denn sie kann sowohl zu vertieftem Verständnis für einander, als zu einer Ausprägung des jeweils Besonderen führen, die wissender und fruchtbarer ist. Die Ur-Wahrheit des LEBENS erscheint immer im Gewand weltbedingter und daher verschiedener Erscheinungen. Sie selbst ist aber übergegensätzlicher Natur, und diese Wahrheit lebt in jedem Meister. Deshalb auch vermitteln die wirklichen Meister aller geistiger Traditionen etwas, das universal gültig ist.*

---

* Vgl. zum Thema: Die Große Tradition: René Guénon, »Der König der Welt«, O. W. Barth, »L'homme et son devenir« selon le Vedanta, und »Aperçus sur l'initiation«, Les Editions traditionelles, Paris, 1947, 1953.

5. Der Weise und der Meister

Zwei Figuren gibt es, in denen die Urwahrheit des *Lebens* in der Menschenwelt Gestalt gewinnen kann: den Weisen und den Meister. Historisch wirkliche Gestalten sind sie nur dort, wo sie aus der Tiefe des überweltlichen Seins heraus *Verwandelte* sind. Beide wissen sich bei aller Bedingtheit in der Welt im Grunde doch von aller Bedingtheit frei. Sie haben die Grundnöte des menschlichen Daseins: die Angst, die Verzweiflung, die Trostlosigkeit überwunden.

Der Meister ist der Weise, in dem das LEBEN nicht nur lebendig ist als die Kraft, die ihn selbst zu einer höheren Stufe des Menschseins verwandelt, sondern zugleich als die Kraft, die ihn befähigt, diese Verwandlung auch in anderen zu entbinden. Der Meister ist nicht nur der homo divinans, sondern auch der homo faber. Im Meister wie im Weisen ist LEBEN als Transzendenz nicht nur innerlich gewußt oder in einem Glauben lebendig, sondern ist in einem Prozeß fortschreitender Bewußtwerdung und Verwandlung gegenwärtig. Im Meister ist das Überweltliche als Erfahrung präsent, im Wissen geklärt und als verwandelnde Kraft am Werk.

Zum Weisen und zum Meister tritt zu allen Zeiten ein Dritter hinzu. In ihm gewinnt die Bewußtwerdung des Lebens Gestalt vor allem als *Wissen*. Es ist der »Große Wissende«. Es ist der Gelehrte (im indischen Raum heißt er der Pandit), nicht im Sinne unseres Wissenschaftlers; denn sein Interesse gilt dem Wissen, das den Verstand übergreift. Ohne selbst ein vollends Verwandelter zu sein, kann er doch das »esoterische Wissen« anderen vermitteln. So muß er auch etwas vom Weisen und etwas vom Meister haben, aber er lebt als Sucher und Forscher, vertieft in die geheimen Dinge, die verborgenen Gesetze, den Ursinn der Bilder. Vielleicht war C. G. Jung ein solcher Wissender.

Der Weise wie der Meister haben einen höheren Rang als der gewöhnliche Mensch. Sie leben als Menschen auf einer übermenschlichen Ebene. Wenn wir etwas von ihrem Wesen und ihrer Wirklichkeit ahnen können, so nur, weil in jedem von uns etwas lebt, das als Verheißung, Urwissen und Auftrag auch den Horizont des gewöhnlichen Menschen überschreitet: der innere Meister! Der Kern des Menschen ist immer auch das Potential zum großen Wissenden, zum Weisen und zum Meister. Die Ahnung dieses Potentials ist heute im Wachsen begriffen. Sie ist die lichte Antriebsquelle der inneren Verwandlungsbewegung, in der der abendländische Geist sich heute befindet; die dunkle ist das verhinderte Potential.

Die Aufhebung traditioneller Normen geschieht heute in einem radikaleren Ausmaß und in einem anderen Sinne als je zuvor. Gegensatz und Zusammenprall beschränken sich nicht auf die Spannung zwischen dem Menschen, der einseitig weltbezogen die Wirklichkeit rational und technisch zu meistern versucht und dem anderen, der die Erfüllung seines religiösen Lebens in der Innerlichkeit eines weltabgewandten Glaubens sucht. Der Gegensatz spannt sich heute zwischen diesen beiden einerseits und andererseits denen, die die Wirklichkeit des Göttlichen in der Welt und die Wahrheit des Weltlichen in Gott zu erfahren, zu gründen und zu gestalten suchen. Der traditionelle Gegensatz zwischen Glaube und Wissen ist überholt. Er gehört zu einer Stufe des menschlichen Bewußtseins, die von den Fortgeschrittenen unserer Zeit überwunden wird. Die Meister aller Zeiten, auch die christlichen Meister, hatten diese Schwelle überschritten. Das Verlangen nach innerer Erfahrung und wesenhafter Verwandlung aufgrund persönlicher Fühlung mit der Transzendenz geht quer durch alle Fronten. Diesem Verlangen zu entsprechen ist ewige Aufgabe des Meisters. Für den westlichen Menschen aber wird Meister nur sein können, wer den Gegensatz von Innerlichkeit und Welt nicht zugunsten einer alles Weltliche aufhebenden Innerlichkeit löst, sondern in einer Verfassung einlöst, in der der »Geist Fleisch werden« kann und die Welt vom Überweltlichen her in ihrer Geschichtlichkeit und Mannigfaltigkeit verwesentlicht wird.

II. IN UNSEREN TAGEN

1. *Die Frage*

Was kann ich dazu tun, daß das, was ich da erlebte, wiederkommt, nein, mehr, daß ich mit dem, was ich da erlebte, in Verbindung bleiben kann –
Was hast du erlebt?
Das weiß ich nicht – ich weiß nur, daß es gewaltig war – Es zittert alles noch in mir nach.
Schön –? Gut?
Ganz jenseits von Schön und Gut. Es war einfach ›Das‹!
Was heißt das?
Das, worauf es ankommt. Gewaltig, groß – unbeschreibliche Fülle – Licht – Liebe, alles in eins!
Ein Erlebnis also!
Viel mehr als ein Erlebnis, – »Erlebnis«, das klingt so ›subjektiv‹. Es war viel mehr. Es war eine Präsenz – eine Gegenwart, ich weiß nicht, von wem oder was, eine Gegenwart, die mir geschah –
Und du –
Ich war plötzlich ein anderer, völlig frei – ganz ich selbst und in mir und zugleich mit allem verbunden. Ich wußte nichts mehr und zugleich alles, und so geladen mit Kraft – und über alle Maßen glücklich. Ich war einen Augenblick ganz ich selbst, nein, überhaupt nicht mehr »ich« und doch so, wie noch nie und viel, viel mehr –
Und was hattest du vorher gemacht?
Nichts – Es kam über mich aus heiterem Himmel, ergriff mich, übermannte mich, leerte mich völlig aus, füllte mich, trieb mich in mich hinein, vernichtete mich und holte mich wieder heraus – über mich hinaus – Es ist alles ganz unsagbar.
Und warst du verwirrt, die Welt um dich, wie war die?
Verwirrt? Überhaupt nicht! So klar wie noch nie. Mehr als das, ich sah, was ich noch nie gesehen hatte –

Was?
In die Dinge hinein – durch sie durch – auf ihren »Kern«.
Kann es nicht beschreiben. Alles hatte einen ganz anderen Sinn – Alles war genau das, was es war und zugleich viel mehr, ganz etwas anderes, und gerade dadurch ganz es selbst.
Und du –
Genau so! Ganz etwas anderes, ein ganz anderer und gerade darin ganz ich selbst. Ich gehörte nicht mehr mir.
Und jetzt –
Ja, und jetzt! Jetzt suche ich jemanden, der mir das alles erklärt. Nein – wozu erklären – bestätigen, mir das »abnimmt« – mehr noch, mich führt. Ich *weiß*, in der Richtung liegt es!
Was?
Der Sinn. Die Bestimmung. Das, wozu wir überhaupt da sind – Ich brauche jemand, der das kennt, der »weiß« und ...

2. Wer fragt nach dem Meister?

Tausendfach werden heute solche Gespräche geführt. Von wem eigentlich? Zusammenfassend kann man sagen: Es ist der Mensch, der den Einbruch von etwas Neuem erlebt hat, von etwas, das ihn zutiefst berührt hat – wundersam und unbegreiflich, beglückend, aber auch verpflichtend und voller Verheißung, etwas, das ihn nicht mehr losläßt. Und nun verlangt er nach jemandem, der ihn versteht und hilft, einer zu werden, der dem entspricht, was er da erlebt hat! Er verlangt nach dem Meister.

Der Meister ist die Antwort auf eine Frage, die sich in einer ganz bestimmten inneren Situation, aber auch erst auf einer bestimmten Stufe der menschlichen Entwicklung stellt. Oft weil der Mensch in eine Sackgasse geriet, in eine innere Not, mit der er aus seiner Weisheit und Macht nicht mehr fertig wird und in der ihm auch sein religiöser Glaube nicht mehr hilft. Oft ahnt er etwas und sucht etwas, das ihm zuinnerst zugedacht und aufgegeben ist und zugleich die eigentliche Erfüllung seines Lebens sein könnte. Er ahnt es auf Grund einer besonderen Erfahrung. Irgendwie ist der Mensch mit dem überweltlichen Sein, mit dem Göttlichen, in Fühlung gekommen in einer Weise, die ihn für sein zukünftiges Leben zwingend nach innen und auf einen neuen Weg verweist. Was eigentlich geschah, weiß er selber nicht, er weiß nur, daß es darum geht, in einen Dauerkontakt mit dem zu kommen, was ihn da berührt hat. Und dann fragt er nach jemandem, der ihm zeigt, wie man das macht. Er weiß, es kann nicht der Vater, nicht die Mutter sein, auch nicht ein Arzt, ein Pädagoge oder Psychotherapeut, auch der Priester ist es nicht, – wer ist es? Und diese Frage zielt eben auf den M e i s t e r.

3. Wer stellt die Frage?

Oft sind es junge Menschen, die nie an etwas geglaubt haben. Und plötzlich haben sie etwas erfahren, das sie auf die Knie zwang und zugleich einen ganz neuen Horizont eröffnete. Oft sind es junge Menschen, die bisher ausgesprochen antireligiös, rein materialistisch, kommunistisch oder maoistisch »gedacht«, aber auch gelebt und gewirkt, Dinge zerstört, ja getötet haben, und plötzlich erfahren sie etwas, das sie durchfährt wie ein Blitz, etwas, das ihr weltanschauliches Konzept zerschlägt. Plötzlich stimmt alles nicht mehr, und sie fragen jetzt in anderer Weise und nach etwas ganz anderem.

Oft sind es Menschen – sie finden sich in allen Ständen und auf jedem Bildungsniveau –, die ihren »Glauben« aufgegeben haben. Aber in wachsendem Maße fühlen sie ein Unbehagen, weil »da etwas fehlt«. Sie sind nicht nur der Kirche untreu geworden, sondern aus Angst, in ihren Kinderglauben zurückzufallen, verdrängen sie alles, was daran erinnert. So verdrängen sie auch alles, was sie trotz allem ganz unmittelbar in einer numinosen Qualität berührt. Aber auf die Dauer geht das nicht. Und einmal übermannt es sie, und nun suchen sie jemanden, der sie, wie sie sagen, »meinetwegen wieder annabelt«, – nur ganz anders muß es sein!

Oft sind es Opfer einer radikalen Psychoanalyse. Diese hat sie seinerzeit nicht nur von einem Pseudo-Gott befreit, sondern hatte sie auch seinstaub gemacht. Hierzu gehören nicht selten alte Analytiker, darunter viele Freudianer, denen eine Analyse mehr als nur den Glauben »heruntergeräumt« hatte. So haben sie jahrelang möglichst religionsfern gearbeitet, um dann in wachsendem Maße zu spüren, daß bei ihnen etwas in der Tiefe nicht in Ordnung ist. Sie sind zur Ehrlichkeit erzogen und müssen sich nun zugeben, daß sie ein schlechtes Gewissen haben. Und dann kann die Bedrängnis so groß werden, daß sie nach jemandem suchen, der ihnen insgeheim ein neues Tor zur verschütteten Tiefe öffnet.

Oft sind es alte Leute, die endlich angefangen haben, die Ketten zu lockern, mit denen sie tausend Dinge festhalten, und tausend Dinge sie festhalten, die für sie die Welt bedeuteten. Und eines Tages, in einer gnadenvollen Stunde, spüren sie: »Wenn ich alles loslassen könnte, könnte noch einmal alles anders werden«. Solches kann in einsamer Stille geschehen, bisweilen aber auch nach einem großen Auftritt, in dem der in seinem Ich verhärtete Mensch noch einmal anspruchsvoll auf sein Alter pochend, außer sich geratend, sich gegen die Nächsten aufbäumte und dann zusammenbrach. Und plötzlich fühlte er sich in eine große Freiheit gestellt, die ihm von ganz woanders her geschenkt wurde. Was war das? Wer kann ihm das erklären? Wer kann dieses Glück festigen?

Bisweilen sind es Menschen, die versucht hatten, sich das Leben zu nehmen. Unmittelbar vor ihrem Tod – das Gift begann schon zu wirken, – oder unmittelbar nach ihrem Erwachen – noch ist das Ich nicht ganz da – hatten sie sich in einer anderen Welt befunden. Losgelöst von ihrem Welt-Ich, hatten sie ihr eigentliches Wesen und die Große Freiheit erlebt. Die unerhörte Erfahrung schwingt in ihnen nach. Sie ahnen, daß ihnen da das Kleinod des Lebens gereicht wurde, aber wissen nicht, wie damit umzugehen und wie es zu bewahren. Und nun fragen sie nach dem, der ihnen diese Große Erfahrung erklären, bewahren, vertiefen und fruchtbar machen kann.

Oft sind es heute auch Jugendliche, die mit Hilfe von Drogen außergewöhnliche Zustände erlebten, Augenblicke von beglückender Größe und ungeahnter Weite. Sie waren befreit von den Begriffsschranken und Tabus der Welt. Sie haben da etwas erfahren, das nun als »gültig« in ihnen fortlebt. Niemand kann ihnen die Überzeugung rauben, daß sie da etwas erlebt haben, was hinter den gewöhnlichen und banalen Erfahrungen des Lebens liegt und »lohnender« ist als alles, was sie in ihrem gewöhnlichen Bewußtsein erfahren. Aber dann geht es ihnen nicht gut. Sie sind skeptisch geworden gegen das Mittel, die Droge, die ihnen dieses Erlebnis vermittelte. War es der falsche Eingang? Gibt es andere Wege? Wo ist der Mensch, der ihnen den legitimen Zugang eröffnet?

Es gibt heute auch harte Männer aus der Wirtschaft, Industrie oder Politik, die, sei es an der Grenze eines Zusammenbruchs oder während eines Zusammenbruchs, ein »seltsames Erlebnis« hatten. Genau in dem Augenblick, in dem sie als der mächtige Mann in der Welt zu Boden gingen, kam in ihnen etwas anderes hoch. Etwas Wunderbares, überwältigend Gutes, aus ihnen selbst! Was war *das*? Sie schämen sich, davon zu sprechen, ja, schämen sich lange vor sich selbst, daß »so etwas« sie übermannen konnte. Sie trauen auch nicht recht ihrer inneren Stimme, die ihnen sagt: »Du, das ist es, worum es sich eigentlich lohnt.« Aber dann läßt es ihnen doch keine Ruhe, und eines Tages suchen sie nach dem, der sie versteht und ihnen weiterhilft.

Oft sind es heute auch Priester. Sie stehen treu zu ihrem Glauben, sind als Seelsorger unermüdlich um ihre Mitmenschen bemüht, leben in ihrer Ordensgemeinschaft einen gottgefälligen Tag der Arbeit und des Betens, lesen täglich die heilige Messe, – und trotzdem haben sie keine rechte Fühlung mehr zum Göttlichen; bisweilen können sie nicht mehr beten. Sie sind wie ausgetrocknet. Nun leiden sie unter ihrer unwahren Situation, schämen sich ihrer falschen Fassade und befinden sich in großer innerer Unruhe und Not. Und dann kann es geschehen, daß eines Tages die »andere Dimension« in sie einbricht, vielleicht beim Schälen eines Apfels oder beim Stolpern über einen Stein im Garten, – und für einen Augenblick erfahren sie sich in der Fülle des Seins! Sie stehen vor einem Rätsel und oft dann vor der bangen Frage: Wie ordnet sich das, was sie da erfuhren, in ihr religiöses System ein? Plötzlich erleben sie den Unterschied zwischen Bekenntnis und Erfahrung. Aber wie fügt sich das, was sie da erfuhren, ihrem Glauben ein? Und warum ist das, was sie soeben erfuhren, diese völlig unbeschreibliche Befreiung und Beglückung, nicht schon längst als Frucht ihres Glaubenslebens gekommen? Sollten sie die Quelle des Heils zu sehr »draußen« gesucht haben? Und dann suchen sie nach dem, der ihnen weiterhilft; denn sie fühlen, daß ihnen offenbar eine innere Entwicklung fehlt, eine Reifung, eine Verwandlung, die zu fördern etwas anderes verlangt als fromme Betrachtung, Treue zum Bekenntnis und »Festigung im Glauben«.

Sie alle, die solche Erfahrungen machen, und denen es geschenkt war, sie nicht zu verraten und als bloßes Gefühl von sich zu weisen, und die es vermochten, sie nicht in ein vorhandenes »System« einzuordnen, sondern fähig waren, sie als solche ernst zu nehmen, befinden sich auf der Schwelle zu einer grundsätzlich neuen, wirklich neuen Möglichkeit sinnerfüllten Lebens. Viel mehr Menschen, als man zu glauben bereit ist, befinden sich heute an dieser Schwelle. Oft werden sie, wenn sie die Schwelle nicht überschreiten können, krank. Das LEBEN staut sich in ihnen, kann nicht heraus; dann geraten sie voller verdrängter Aggressionen in Depressionen und kennen sich nicht mehr aus – nur das Licht des Erfahrenen leuchtet noch schwach in ihrem Inneren. Dann suchen sie nach dem, der um den Weg weiß, der aus der Sackgasse heraus in ein neues Leben hinein führt. Zu wem sollen sie gehen? Nicht zum Arzt, der als Arzt nichts davon versteht, sich wahrscheinlich für nicht zuständig erklärt, ihnen vielleicht ein Beruhigungsmittel verschreibt oder sie dem Psychiater überweist. Sie fürchten aber auch den Psychologen oder Psychotherapeuten, der womöglich die köstlichste ihrer Erfahrungen auf etwas anderes »zurückführt« oder sie als Illusion, Inflation oder Projektion deklariert. Nichts ist schrecklicher und heilloser, als in einer solchen Situation einem Menschen in die Hände zu fallen, der, weil er selbst diese Erfahrung nicht kennt, das hier Geschehene fehldeutet, z. B. eine Gottes-Erfahrung, die in der Tat vorübergehend einmal die Grenzen »normalen« Verhaltens sprengen kann, als »Manie«. Man will aber auch nicht zum Priester-Seelsorger in der Befürchtung, er könnte die Gültigkeit der Erfahrung von seinem theologischen Standort bezweifeln, sie als etwas nur »Natürliches«, nur »Subjektives« abtun oder gar versuchen, den Rat- und Hilfesuchenden wieder zurückzuholen in den Schoß von Mutter Kirche, der man, wie man meinte, doch gerade entwuchs. Man sucht jemanden ganz anderen – man sucht den Meister.

4. Die den Ruf nach dem Meister entbindende Erfahrung

Die Erfahrungen und Situationen, die den Ruf nach dem Meister auslösen, sind von sehr verschiedener Art und Tiefe. Es können ganz zarte Seinsfühlungen sein, die doch mit einem Schlage in dem dafür Bereiten das große Verlangen nach der Einswerdung mit dem Großen Unbekannten wecken können. Es können auch »Große Erfahrungen« sein von alles überwältigender Macht, Erfahrungen, in denen über allen Zweifel hinaus die »andere Dimension« als Befreiung, Verheißung und Verpflichtung erlebt wird. Anlaß zu solchem Geschehen können Grenzsituationen sein, in denen der Mensch wirklich am Ende seiner Weisheit und Kraft ist, wirklich am Ende, besonders wenn ihm auch jeder religiöse Glaube abhanden gekommen ist.

Anlaß zu einer ersten Seinsfühlung kann die Begegnung mit einem Menschen sein, ein Wort, eine Frage, eine Gebärde, ein Blick, der durch und durch geht, – und es ist geschehen. Völlig unerwartet ist etwas Neues in das Leben eingebrochen und insgeheim eine Entscheidung gefallen, deren sich der Betroffene vielleicht noch gar nicht bewußt ist.

Es kann ein Satz in einem Buch sein, ein Gedanke, den man zum ersten Male aufnimmt oder auch ein Spruch, den man schon oft gehört und gelesen hat, und auf einmal ist es wie ein mächtiger Glockenschlag, und unüberhörbar und verpflichtend antwortet im Hörenden selbst ein großer Ton.

Es kann auch irgend ein ganz banales Ereignis sein, ein kleines Unglück, ein verstauchter Fuß, eine Fieberphantasie, der Anblick spielender Kinder. Bisweilen ist es auch ein Traum, ein sexuelles Erleben, eine Szene in einem Film oder heute ein LSD-Trip, immer das gleiche: Der Mensch hat einen Blick in eine andere Wirklichkeit getan und fühlt sich aus einer anderen Welt angesprochen. In diesen Erlebnissen finden sich, wenn sie fruchtbar nachwirken, als charakteristische Züge wieder: Die Qualität des Numinosen und die Erfahrung einer überweltlichen Kraft, Verpflichtung und Verheißung im Erleben einer immanenten Transzendenz. Gewiß sind diese Züge nicht notwendig als solche bewußt, aber sie sind in diesem Erleben, das dem Leben eine neue Wendung gibt, enthalten. Die Voraussetzung dafür, daß solches geschieht, ist, daß der Mensch, ohne es zu wissen, zu einem Vorgang herangereift ist, den er nicht bewußt »machen« kann und zu dem er von seinem gewöhnlichen Ich her nicht in der Lage wäre. Es ist der Akt, in dem er sich der Transzendenz öffnet. Dazu ist es notwendig, daß der Grenzwall, der ihn vom Divinen trennt, einbricht. Dieser Wall ist das Ganze des Gewohnten, ist sein bisheriges Ich mit seinen eingefleischten Denkformen, seinem verhärteten Anspruch auf ungestörtes Leben, auf einsehbaren Sinn und auf gesicherte Geborgenheit, alles aufgehoben in einem festen Gefüge von Bekanntem. Daß diese Wand, die den Menschen an seinem wahren Reifen und Werden verhindert, einmal durchstoßen werden kann, und daß der Mensch es zuläßt, ist gewiß nie sein Verdienst. Er macht es nicht selbst. Etwas anderes bricht herein und kommt auf ihn zu. Es ist Gnade. Es ist Folge der Präsenz einer anderen Dimension, die so verschieden ist von allem gewöhnlich in der Welt Erfahrenen, daß sie überweltlich genannt werden muß. Was der Mensch hier erlebt, geht über das hinaus, was seinem welt- und selbstbewußten Ich bekannt ist, und doch kommt es aus einer Wirklichkeit, die offenbar in ihm ist. Es ist die Wirklichkeit seines *Wesens.* Dies sein Wesen ist die Weise, in der das überweltliche Sein in ihm anwesend ist und in ihm und durch ihn offenbar werden möchte in der Welt. Sein Einbruch in die gewohnte Welt ist Gnade, aber man muß ihr Wirken zulassen können, und dazu kann man sich bereiten! Das ist der Sinn geistlicher Übung.

Die den Ruf nach dem Meister entbindende Erfahrung ist immer eine Begegnung mit diesem Wesen, also mit einem Einbruch der dem Menschen immanenten Transzendenz in sein Bewußtsein. Sie tritt überraschend und unbegreifbar in sein Innesein, aber eindrucksvoll und beglückend genug, um ihn zu veranlassen, nach dem zu suchen, der ihn bleibend mit ihr verbindet, wesensgerecht und weltkräftig zugleich.

Die Befreiung und Beglückung, die die erste Berührung mit dem Überweltlichen Sein dem Menschen beschert, ist meist auch eine erlösende Antwort auf die Grundnöte des menschlichen Daseins.

Drei Nöte sind es, die das Leben des Menschen beschatten, die das natürliche Ich nicht ertragen und nicht annehmen kann: Die *Vernichtung*, der *Widersinn* und die *Einsamkeit*.

Die Vernichtung, sei es die physische oder die soziale, kann den Menschen »sterben lassen vor Angst«. Das Absurde als Enttäuschung, Ungesetzlichkeit und Ungerechtigkeit kann ein Maß erreichen, das jeden Glauben vernichtet, jeden Sinn auslöscht, darin der Mensch lebt. Solches aushalten zu müssen, kann den Menschen bis an die Grenze des Wahnsinns in die Verzweiflung treiben. Der Tod des Nächsten, der Verrat von Freunden, der Ausschluß aus der Gemeinschaft kann eine Einsamkeit erzeugen, die über die Kraft geht. Nun kann es in einer Grenzsituation, in der das Unannehmbare, sei es als drohende Vernichtung, als Widersinn oder totale Einsamkeit, unausweichlich da ist, geschehen, daß es dem Menschen gegeben wird, das zu können, was er als natürliches Ich nicht vermag: »Ja« zum Unannehmbaren zu sagen – vielleicht nur für den Bruchteil einer Sekunde, aber es genügt! Denn da kann es geschehen: Für einen Augenblick hat die dichte Kruste, die den Menschen in seine Endlichkeit einschließt, einen Riß, und das Unendliche strömt ein. Und aus dem Wesen heraus, das das Überweltliche verkörpert, ist der Mensch auf eine andere Ebene gehoben. Er hat das Wunder erlebt: Im Ja zur Vernichtung ein *Leben*, das jenseits ist von Leben und Tod, also mit Vernichtung gar nichts mehr zu tun hat; im Annehmen des Widersinns einen *Sinn*, der jenseits ist von Sinn und Unsinn, und im demütigen Hinnehmen der Verlassenheit eine *Geborgenheit*, die jenseits ist von Geborgenheit und Verlassenheit in der Welt. Das bedeutet: Er hat sich erfahren in der ihm immanenten Transzendenz. Er hat sich erfahren in seinem persönlichen Wesen als in seiner Teilhabe an einem überpersönlichen und universalen LEBEN, das sich ihm in seiner überweltlichen *Fülle* als übermenschliche *Kraft*, in seiner *Gesetzlichkeit* als unbegreiflicher *Sinn*, in seiner *Einheit* als überpersönliche *Liebe* gezeigt hat.

Das sind Erfahrungen von solcher Gewalt, daß es seltsam genug ist, daß nicht jeder, der sie macht, eine »metanoïa«, eine Umkehr erfährt. Aber wer ist dazu vorbereitet, solche Augenblicke in der rechten Weise aufzunehmen? Ja, wer ist bereit, sie überhaupt ernst zu nehmen? Heute ist es endlich soweit. Der Mensch unserer Tage, der die Grenzen seiner rationalen Weisheit erfährt, der flachen Genüsse überdrüssig, aufsässig geworden ist gegenüber der einseitigen Bezogenheit auf Erfolg und Leistung, sehnt sich nun nach etwas ganz anderem. Er *muß* es finden. Und endlich ist er auch bereit für die Erfahrung, in der sich das Wesen befreit, und er der Transzendenz nicht nur unverbindlich begegnet, sondern als einer Macht, die, indem sie ihn aus einer Weltnot befreit, zugleich auf anderer Ebene in verheißungsvoller Weise verpflichtet.

Wenn in solchen Erfahrungen das überweltliche Sein, das göttliche LEBEN – der Gläubige wird sagen Christus, Gott – in den Raum des Bewußtseins einbricht, ist das so unbegreiflich, überraschend und überwältigend, daß der »gewöhnliche«, unvorbereitete Mensch es so einfach nicht annehmen kann. Und er fragt sich, ob er selbst noch normal ist. Bei der Mehrzahl der Menschen versandet die große Welle, die sie einen Augenblick lang ergriff, in verständlichem Zweifel. Aber es gibt auch die anderen. Immer häufiger gibt es die, die so unausweichlich getroffen sind, daß es sie dann doch nicht losläßt: Und dann rufen sie nach dem Meister.

Man gewinnt heute den Eindruck, daß in der heranwachsenden Generation mehr als in der vergangenen der Mensch sein Wesen sucht und zu ihm erwacht. Immer größer scheint die Zahl der Jugendlichen, in denen die Haut, die sie vom Wesen trennt, so dünn, und die Macht, mit der dieses hervordrängt, so groß ist, daß wenig genügt, und es kommt zu einem oft gefährlichen Ausbruch. Es genügt eine Kleinigkeit, und die ihrem Wesen nicht gemäße, von ihrer Weltsituation her erzwungene Form bricht ein. Was nun geschieht, hat bisweilen den Anschein eines schizophrenen Schubes. Der junge Mensch führt wirre Reden oder spürt sich plötzlich als Jesus Christus, oder er wird handgreiflich und schlägt um sich und ist anscheinend reif für die psychiatrische Klinik. Wenn er dann wirklich dort landet, als Verrückter aufgenommen oder behandelt wird, ist oft eine entscheidende Chance seines Lebens vertan; denn in Wahrheit war es ein Ausbruch seines Wesens, der behutsam hätte in rechte Bahnen geführt werden müssen. Was aber in solch tragischen Fällen in einer Weise hochkommt, die in der Tat oft schwer zu meistern ist, kennzeichnet eine Situation, in der heute sich viele befinden. Sie sind reif zum Eintritt in einen neuen Raum und bedürfen des Wissenden, der sie mutig, behutsam und mit Verständnis hinübergeleitet in das ihnen zugedachte eigentliche Leben.

5. Wo sind die Meister?

Wo sind die Meister, nach denen wir heute verlangen? Während der Ferne Osten die Tradition der Meister kennt, kennt das Abendland den Meister nicht als eine selbstverständlich in das Gefüge der Gesellschaft hineingehörende zentrale Figur. Warum nicht? Weil sich offenbar die existentielle Frage, auf die der Meister die Antwort ist, nicht in dem Maße stellte, daß sie die Entwicklung der Meisterfigur begünstigte, forderte oder gar erzwang. Was sind die Gründe?

Der Mensch des Westens ist im allgemeinen mehr als der des Ostens durch die Welt engagiert, der Mensch des Ostens mehr durch die Frage nach seinem inneren Werden. Den Menschen des Westens treibt es, mehr als den des Ostens, die Welt in Angriff zu nehmen und seine Kräfte an ihr zu messen. Er steht im Ja zur geschichtlichen Wirklichkeit und empfindet den Auftrag zur Gestaltung der Welt. Sich durchzusetzen in der Welt, etwas Tüchtiges in ihr zu leisten, sie zu gestalten im gültigen Werk, das ist dem westlichen Menschen ein natürliches Anliegen und der maßgebende Auftrag. Um ihn zu erfüllen, genügen, so scheint es, Wissen, Können, Zucht und Wohlverhalten in der Gemeinschaft. Und die innermenschliche Not? Sie hat in beschränktem Umfang ihren Platz im mitmenschlichen Dasein und ist aufgenommen im Reich des erlösenden Glaubens; aber die Bewährung im Glauben hat nicht notwendig etwas zu tun mit innermenschlichem Reifen! Die innere Not kann sich lösen im Gefühl der Geborgenheit in einer gütigen göttlichen Macht, im Frieden der Seele und in der Verheißung der Erlösung eines die Welt überwindenden höheren Lebens. Wo dieser Glaube lebendig ist, sich auswirkt und herrscht, stellt sich die Frage nach dem inneren Weg im Sinne des initiatischen Weges nicht, und auch nicht die Frage nach dem ihn weisenden Meister.

Die beiden Säulen, auf denen die Existenz des westlichen Menschen ruhte: Erkenntnis und Gestaltung der Welt – Geborgenheit im Glauben, ließen im Menschen bis auf wenige Ausnahmen zwei Dinge unentwickelt: das verantwortliche Bewußtsein für die Möglichkeit und Verpflichtung zu innermenschlichem Reifen überhaupt und für die Möglichkeit und den Auftrag zu einer innermenschlichen Entwicklung, in der ein erweitertes Bewußtsein den Menschen *erfahren* läßt, was er bislang nur im frommen Glauben besaß. Die Folge ist, daß maßgebende Menschen, führende Kräfte in der Welt, der Wirtschaft und Politik, aber auch der Kirche, in einem kaum glaublichen Maß der Reife ermangeln und überhaupt kein Organ für dieses Defizit besitzen. Sie sind unsachlich, ichbefangen, herrschsüchtig, unfrei, kritikscheu, angstbesessen, emotionell und kontaktarm. Das zeigt: Es fehlt ihnen die tragende Fühlung und Verbundenheit mit ihrem *Wesen*. Die Lebensweisheit des Ostens (und nicht nur des Ostens) gründet aber in nichts anderem als in dieser Fühlung. Und wenn der Osten als Blüten seiner Kultur nicht Werke bezeichnet, sondern seine »gereiften Alten«, so macht dieses den Unterschied zweier Lebensauffassungen und ihrer Folgen deutlich. Ein Zeichen der für den westlichen Menschen – auch den »Gebildeten« – charakteristischen Unreife ist das Hängengebliebensein in den alles umschließenden Fesseln des gegenständlichen Bewußtseins. Eine Folge dieser Unentwickeltheit des Bewußtseins ist der fehlende Zugang zum Wesen und zu der es offenbarenden transzendenten *Erfahrung*. Eben dieser Mangel bedeutet eine Gefährdung des Glaubens. Denn wo dieser, von der Ratio in Frage gestellt und vom Zweifel berührt wird, kann ihn nur die Erfahrung der Wesenswurzel in der »Transzendenz« von Grund auf erneuern.

Der Unterschied zwischen Ost und West wird nur dann richtig und fruchtbar gesehen, wenn er nicht als ein völkerpsychologisches, sondern als ein innermenschliches Problem gesehen wird. »Transzendenz als Erfahrung« und der von ihr ausgehende, um sie kreisende und in ihr mündende initiatische Weg, der die östliche Meistertradition kennzeichnet, ist als Potential im westlichen Menschen genauso vorhanden wie im östlichen. Er ist nur im Schatten des in einer Offenbarung gründenden Glaubens und der Gaben zur Gestaltung und Meisterung der Welt nicht in maßgebender Weise in die Erscheinung getreten. Der Augenblick ist aber gekommen, wo dieses zu geschehen hat und geschehen wird. Es geht um die Wendung von einer einseitigen Orientierung am »Objektiven«, an dem gemessen der Mensch mit seinen Gefühlen und Wesensanliegen zu etwas nur »Subjektivem« abgewertet wird, zur Anerkennung des Menschen als »Subjekt«, zu dessen Reifung und Vollendung anderes erforderlich ist als die Fähigkeit zur Selbsterhaltung und Dienstleistung in der Welt.

So wie die Reifung des Menschen zu seinem wahren Selbst nicht ohne Fühlung mit seinem tiefsten Kern, dem Wesen, das selbst nicht von der Welt her bedingt ist, möglich ist, so wirkt sich umgekehrt das Innewerden des Kernes, wie wir es heute erleben, in dem Verlangen nach echter Selbstwerdung und Führung auf dem Wege aus. Die Not unerfüllter Wesenheit läßt sich, wenn sie einmal als solche bewußt wird, weder durch mehr Erfolg in der Welt noch durch ein Zurück in den Glauben beheben, denn sie entspringt ja aus der Situation, in der der Mensch seine Erfüllung nicht mehr in weltlicher Leistung findet und sein Glaube ihn nicht mehr trägt. So ist das Verlangen nach Führung auf dem inneren Weg unabweisbar geworden. Was aber tun, wenn es keine Meister gibt? Darauf ist dreierlei zu antworten.

Derjenige, den die Not aus dem Wesen wirklich an die Grenze treibt, findet den Meister! Es ist eine eigentümliche Erfahrung, daß große Not ihren Helfer erzeugt. Immer wieder geschieht es, daß der in seiner Wesensverzweiflung um Rat und Hilfe Suchende einen Menschen als Helfer konstelliert, einfach aus der Größe seiner Not und der Kraft seines Fragens. Er erhält eine meisterliche Antwort oder Weisung von jemandem, der gewiß kein Meister ist. In der Tiefe seines Menschseins angerufen, antwortet er aus ihr heraus auf die in Not geratene Tiefe des anderen, ohne viel zu überlegen, und gibt die rechte Antwort; das heißt: Nicht er gibt sie, sie wird ihm eingegeben, und er gibt sie weiter. Die Not des einen und die Bereitschaft des anderen spannte eine geheimnisvolle Saite zwischen ihnen – und ein Dritter führte den Bogen – das gab den erlösenden Klang. So kann man sagen: der Nächste kann unser Meister sein, wenn wir ihn nur in der rechten Weise rufen.

Es gibt auch, mehr als wir wissen, Menschen, die aufgrund ihrer eigenen Entwicklung und Erfahrung, wenn sie sich ihrer nur bewußt wären und sich dazu trauten, meisterlich zu wirken vermöchten. Unter denen, die lange mit der Führung und Betreuung von Menschen zu tun haben, z. B. unter Psychotherapeuten, finden sich immer auch solche, die zumindest ein Stück weit auf dem Weg führen könnten, wenn sie sich überhaupt der hier vorliegenden Thematik und der damit gegebenen Möglichkeit und Aufgabe bewußt wären und den Mut hätten, sie zu übernehmen d. h. den Schritt vom Therapeuten zum »Guru« zu wagen. Die Voraussetzungen hierfür sind freilich andere als diejenigen, die bislang in der Vorbereitung zu den Berufen gegeben werden, die es mit Menschenführung und Menschenbetreuung zu tun haben. Denn wer unter den Erziehern, Ärzten und Priestern hat in der Zeit seiner Ausbildung etwas über den inneren Menschen erfahren und über seinen Auftrag zur Reife und über die Möglichkeit zu echter Selbstwerdung kraft seiner Fühlung mit seinem Wesen und der ihm innewohnenden Transzendenz? Die Therapie unserer Zeit kennt bislang nur die *pragmatische* Heilkunst, die dem Leiden an der Welt begegnet, d. h. dem Leiden an der Unfähigkeit, den Forderungen des Lebens in der Welt zu genügen. Wer aber weiß dem anderen Leiden zu genügen, dem Leiden an der Unfähigkeit, den Forderungen des Wesens zu genügen? Wer weiß um das Leiden an der Getrenntheit vom Wesen und dem in ihm verkörperten Sein? Dies ist das eigentliche Leiden unserer Zeit. Seine Heilung erfordert eine *initiatische* Heilkunst. In ihr geht es darum zu lernen, wieder eins zu werden mit dem eigenen Wesen, mit ihm eins zu bleiben und aus ihm zu leben.* Hier aber müßte der Therapeut die Voraussetzungen dafür haben, sich als Guru zu bewähren, als Meister! Sich dazu zu bilden, dazu verpflichtet ihn unsere Zeit!

Die wichtigste Antwort auf die Frage: »Wo sind unter uns die Meister?« lautet jedoch: »In uns selbst«. Es gibt den *inneren* Meister.

---

* Vgl. Maria Hippius, »Am Faden von Zeit und Ewigkeit« in »Transzendenz als Erfahrung«, O. W. Barth-Verlag, Weilheim, 1966.

MEISTER-SCHÜLER-WEG

I. IDEE UND WIRKLICHKEIT DES MEISTERS

1. *Der ewige Meister*

Das Wort »Der Meister« bezeichnet dreierlei: Den Ewigen Meister, den leibhaftigen Meister, den inneren Meister.

Der *Ewige Meister*, das ist ein Prinzip, das geschaut wird in einem Urbild, einer Idee, einem Archetypus. Der *leibhaftige Meister* ist die Verwirklichung dieser Idee in der geschichtlichen Wirklichkeit. Der *innere Meister* ist das in einem Menschen als Verheißung, Möglichkeit und Auftrag erwachte Potential zur Verwirklichung des Ewigen Meisters in leibhaftiger Gestalt.

»Der Meister« – sei es als Idee, leibhaftige Wirklichkeit oder innerer Auftrag, – meint immer das menschgewordene LEBEN, das *überweltliche* Leben, in der Welt offenbar geworden in menschlicher Gestalt.

Den Meister gibt es nur in bezug auf einen, der bedingungslos den WEG des Lebens zu dieser Gestalt sucht: Das ist der *Schüler*. So gibt es den Meister nur zusammen mit dem Weg und dem Schüler.

Die Idee, die das Wort »Meister« bezeichnet, ist die des Homo Maximus, des Universalen Menschen, in dem das Sein, das LEBEN in seiner Totalität – als Fülle, Gesetz und Einheit – offenbar geworden ist in menschlicher Gestalt und sich in einem zugleich weltüberlegenen und weltkräftigen Tun verwandelnd und fortzeugend auswirkt in der Welt. Im wirklichen Meister sieht der Schüler die Verwirklichung der in ihm selbst als innerer Meister d. h. der als Potential und Verpflichtung erwachten Idee, die er auf dem vom Meister gewiesenen Weg selbst zu verwirklichen hofft und gewillt ist.

Wie den Meister, so gibt es den Schüler und auch den Weg in dreifacher Weise: als Idee, als leibhaftige und als innere Wirklichkeit.

Die Dreieinheit »Meister-Schüler-Weg« ist die Weise, in der und durch die das überraumzeitliche, überweltliche, unbedingte göttliche Sein in der raumzeitlich bedingten Welt des Menschen gegen allen Widerstand und unter allen Bedingungen Gestalt gewinnt. Hierzu in immer wachsendem Maße bereit zu sein, das heißt, sich dem Drang des LEBENS, offenbar zu werden in der Welt, zu fügen und zu gehorchen, ist die Aufgabe und Bestimmung des Menschen. Das LEBEN in diesem Sinne zu spüren, zu erkennen und seinen Drang zum Offenbarwerden bewußt und als Aufgabe in sich aufzunehmen, als die für alles maßgebende Verpflichtung anzuerkennen, und als »Weg« zu gehen – das vermag der Mensch erst auf einer bestimmten Stufe seiner Entwicklung. Dann aber erfährt er es mit einem Schlag als »Muß-Darf-Soll«.

Die Idee des Meisters, des Schülers und des Weges wurde in der Geschichte in vielerlei Abwandlungen verwirklicht, verschieden je nach Art, Stufe und geistiger Tradition der Völker und Menschen. Immer war es aber eine Verwirklichung des ewigen Meisters, des ewigen Schülers und des ewigen Weges, geschah also in der Dreieinheit Meister-Schüler-Weg, wie sie archetypisch im Menschen angelegt ist.*)

Die Vorstellung des LEBENS, das im Leben zu offenbaren und im Menschen zu verwirklichen ist, ist bestimmt vor allem durch die Weise, wie das Verhältnis zwischen überweltlichem Leben und raumzeitlicher Wirklichkeit erlebt und gesehen wird. Wo das überweltliche Sein als die eigentliche und einzige Wirklichkeit angesehen wird, da erfüllt der in der Welt gefangene, dem Sein entfremdete Mensch seine Bestimmung erst, wenn er die Welt restlos überwunden hat und mit seinem Tod endgültig einzugehen vermag in die Wirklichkeit des All-Einen-Seins. Wo dagegen die Vorstellung vom großen LEBEN den Gegensatz von überweltlichem Sein und weltlicher Wirklichkeit übergreift, und die Erscheinung des Überraumzeitlichen in Raum und Zeit als das Gemeinte anerkannt wird, da

---

* Vgl.: »Le Maître spirituel dans les grandes traditions de l'occident et l'orient« in Hermes Bd. IV. Paris 1967.

vollendet das Menschliche sich in einem Menschen, der das überweltliche Sein *in* der Welt lebend, erkennend und wirkend zu bezeugen vermag. Demnach gibt es auch zwei grundsätzlich verschiedene Weisen, in denen sich das wahre Leben erweist, erfüllt und vollendet. Gemeinsam ist ihnen der erste Schritt, das »Eingehen«, das »Sterben« des in Raum und Zeit hart gewordenen, in der Welt und auf die Welt festgelegten Ichs im überraum-zeitlichen Sein. Richtung und Ziel der Entwicklung ist aber eine andere, je nachdem die Inkarnation endgültig verneint und aufgehoben oder gerade zur vollendeten Manifestation des göttlichen Seins bewußt vollzogen werden soll. Für den christlichen Westen gilt das Gesetz der Fleischwerdung des Geistes. So wird sich die Meister-Idee im Westen letztlich auch anders beinhalten als im Osten.

Der Ewige Meister ist das LEBEN, das sich aus seiner Verlorenheit im gegenständlichen Bewußtsein heimholen und neu offenbaren will in unserer Welt; offenbaren als die alles Lebendige tragende und speisende *Fülle*, als die alle Gestaltwerdung bestimmende *Gesetzlichkeit* und als die das Einssein des Lebendigen mit sich und allem anderen ermöglichende und immer neu Ganzheit stiftende *Einheit*. Dies Offenbarwerden ist nur möglich in einem nie endenden Prozeß des »Stirb und Werde«. Im Meister erscheint das LEBEN in Reinheit als das Prinzip ewiger Verwandlung, deren Sinn der Mensch ist, der seiner Bestimmung, leibhaftiger Zeuge des *Lebens* zu sein, zu genügen vermag. Und – der ewige Meister tritt dort in die Erscheinung, wo der Mensch das in seinem Wesen anwesende LEBEN über ein bestimmtes Maß hinaus am Offenbarwerden verhinderte und mit diesem Widerspruch gegen das *Leben* an eine unerträgliche Grenze gelangt ist.

Das »Wesen« eines Menschen ist die individuelle Weise, in der das überweltliche Leben in ihm anwesend ist und in ihm und durch ihn offenbar werden möchte in der Welt. Da der Mensch in seinem Wesen ein Kind des sich in ewiger Verwandlung manifestierenden Lebens ist und bleibt, erzeugt sein im fixierenden Bewußtsein begründeter unbewußter Widerstand gegen das LEBEN das spezifisch menschliche Leiden. Hat dieses ein bestimmtes Maß erreicht, macht es den Menschen schließlich hellhörig für die Stimmen seines nicht zugelassenen »Wesens«. Diese vernimmt der Mensch dann in mancherlei Weise: In Depressionen und Erkrankungen, im Gewicht unerwarteter Ereignisse seines Lebens, in der Bedeutung von Schicksalswendungen und Schicksalsschlägen, in seltsamen Begegnungen, in merkwürdigen »Zufällen«, darin das LEBEN gegen das, was es am Hervorkommen hindert, einzuschreiten scheint. Der Mensch vernimmt die Stimme des LEBENS aber auch im wachsenden Durst nach etwas anderem, in angstvollen, aber auch in verheißungsvollen Stimmungen, in einer unbestimmten Sehnsucht nach Befreiung, im Erleben des Numinosen, in vorübergehenden Seinsfühlungen und endlich dann auch in besonderen »Großen Erfahrungen«, die ihn wachrütteln und zu einer totalen Wendung des Lebens aufrufen. Dann bedarf er des Meisters.

Das Überschreiten der Schwelle, das zum Auftauchen des Meisters führt, kann zwei Gründe haben: das Leiden und die Verheißung. Das Leiden ist immer die Folge des Stehengebliebenseins oder eines Abgekommenseins vom zugedachten Weg, ist die Folge einer Verfehlung gegen die auf Verwirklichung ihrer Totalität angelegte, nur in steter Verwandlung lebendige innere Ganzheit. Der uns innewohnenden Verheißung werden wir bewußt, wo die Quelle alles Selbstwerdens, der Lebensstrom aus dem Wesen, immer stärker anschwillt, schließlich in einem befreienden Akt den vom festlegenden Bewußtsein erzeugten Wall zu durchbrechen droht und der Mensch mit einem Male zur Ahnung eines in ihm auf Zulassung wartenden größeren *Lebens* erwacht. Das sind Augenblicke, in denen mit einem Schlage das Unbedingte in ihm als Potenz und als Verwirklichungskraft den Sieg über das Bedingte davontragen kann. Dann ist in der Geburt eines neuen Gewissens der das LEBEN verkörpernde innere Meister erwacht!

2. Der innere Meister

Wo immer im Zusammenwirken von Meister und Schüler *Sein* ins Dasein zu treten vermochte, Überweltliches in menschlicher Weise Welt wurde, wo immer ein Schüler durch das Tor der Verwandlung trat, auf den Weg in eine Verfassung, in der er Schritt für Schritt die ihm innewohnende Wahrheit befreien und mehr und mehr zu einem Zeugen des LEBENS werden konnte, da vollzog sich dies immer auf zwei Ebenen: auf der Ebene der äußeren, raumzeitlichen Welt, wo ein Meister auftrat, ein wirklicher Mensch einem anderen Menschen, dem Schüler, begegnend, und zum anderen im Innenraum des Suchenden selbst. Da ist der Meister nicht ein Mensch, der dem Schüler draußen begegnet, sondern eine Instanz in ihm und für ihn. Wir alle sind es selbst, sind Schüler und Meister in uns, sind es aus der Not und Kraft unseres Wesens, das in uns zu seiner Selbstverwirklichung in einer Weltgestalt drängt. Aber wir müssen dazu erwachen. Und die Voraussetzung für das Suchen, das Finden und das Wirken des Meisters in der Welt ist der innere Meister.

Wer reif wird zum Weg und nach dem Meister sucht, weil er der Führung bedarf, aber rings im Kreise keinen findet, der seinem Anspruch entspricht, darf wissen, daß er den Meister in sich selbst hat, den inneren Meister. Hätte er ihn nicht, so könnte er auch den Meister draußen nicht finden. Selbst wenn er ihm begegnete, würde er ihn nicht erkennen. »Wär das Aug' nicht sonnenhaft, die Sonne könnt' es nicht erkennen.« Und hätte er den »inneren Meister« nicht, so könnte auch der »Meister draußen« in ihm nichts bewirken.

Die Voraussetzung für das Finden und für das Annehmen eines Meisters in der Welt ist, daß man im Grunde seines Wesens selbst der Meister ist und beginnt, seiner bewußt zu werden. So auch ist die Antwort eines Meisters zu verstehen, der auf die Frage: »Wie macht man es, ein Meister zu werden?« antwortete: »Einfach den Meister herauslassen.« Der, den man sucht, und zu werden sucht, ist man im Grunde immer schon selbst. Der in uns anspringende Motor des Suchens ist schon selbst der Gesuchte.

Der Meister draußen sowie der innere Meister begegnen nur dem, der seiner bedarf, weil er zu einer bestimmten Stufe herangereift ist, auf der er darunter leidet, daß er in seinem Dasein vom Sein getrennt ist. Meister sein, heißt, diese Trennung aufgehoben und die Einheit mit unserem Wesen wiedergefunden haben. Im Wesen sind wir eins mit dem Sein, im Welt-Ich von ihm getrennt. Was uns vom Tier unterscheidet, trennt uns, wenn es sich absolut setzt, von Gott. Auf die Eins-Werdung von Welt-Ich und Wesen im Dienste des Seins kommt es an. Die Kraft dazu liegt im Wesen, das eins ist mit dem Sein. Sie bewußt und wirkkräftig werden zu lassen — das ist Sache des Meisters.

Die Not des Menschen, der nach dem Meister fragt, ist die Not des Menschen, der auf einen Abweg geraten ist. So fragt er nach dem *Weg*. So wie der Meister auch eine innere Instanz bedeutet, so ist auch der Weg, nach dem der auf den Abweg Geratene fragt, ihm als Potential eingeboren. Das Wesen, die Weise, wie das Sein in uns anwesend ist, ist nicht statisch zu verstehen als ein Bild, sondern als der uns eingeborene Weg, auf dem wir Stufe um Stufe die Gestalt zu verwirklichen haben, in der unser Wesen, dann einsgeworden mit dem Welt-Ich, weltkräftig geworden ist, d. h. fähig, das Dasein in uns und um uns seinsgemäß zu verwandeln.

Der innere Meister ist das in uns lebendige, zu einer Verwandlungskraft erhobene Urwissen um den uns eingeborenen Weg zur Erfüllung der uns zugedachten Bestimmung. Der Meister in uns wird sichtbar als Einheit dieses Urwissens um das übergegensätzliche Leben mit einem sich als Verwirklichungskraft bewährenden Gewissen zu einem Weg, auf dem das LEBEN immer reiner offenbar werden kann in der Welt. So ist der Meister auch die Stimme des absoluten Gewissens, die etwas anderes ist als jene Stimme, in der die Weltordnungen der Gemeinschaft, in der man lebt, mahnend und fordernd zu Wort kommen.

Der innere Meister ist man selbst als das bewußt gewordene Potential des Menschen, der man sein könnte und sein sollte. Den inneren Meister, das heißt dieses Potential, zu spüren, zu erkennen und anzuerkennen, hat eine bestimmte *Stufe* der Entwicklung zur Voraussetzung. Die Stimme des Meisters als Ruf zu hören, dazu gehört eine bestimmte Bereitschaft, Ihm zu folgen, dazu gehört nicht nur Mut, sondern auch eine bestimmte Demut.

Den Meister in sich anzuerkennen, hat nichts mit Überheblichkeit zu tun. Es ist erhebend, beglückend und belastend zugleich. Die Last des Weges, der nun bevorsteht, anzunehmen, erfordert Demut. Rechte Demut bedeutet nicht nur, nicht mehr scheinen zu wollen, als man ist, sondern auch das anzunehmen, was man mehr ist, als man scheint. Es gibt die falsche Bescheidenheit, die in Wahrheit nur Angst vor der größeren Verantwortung ist. Sie steht dem Hervorkommen des inneren Meisters im Wege.

Das Spüren und Anerkennen des inneren Meisters als ein Angelegtsein auf das »Sein wie Gott« ist die Voraussetzung für das Wirksamwerden der autonomen Weg-Kraft. Man könnte nicht von einem Menschen sagen, er habe den Weg verfehlt, wenn man ihm nicht zubilligte, daß er ihn im Grunde hätte gehen können.

Dem inneren Meister entspricht der innere Schüler. Meister – Schüler – Weg, diese drei gehören unabdingbar zusammen, nicht nur in der Welt – auch in uns selbst. Wenn der innere Meister erwacht, ist mit ihm auch schon der innere Schüler erwacht, und beide gibt es nur mit Bezug auf den inneren Weg, auf dem der Meister führt und der Schüler folgt, nicht nur in der Welt, sondern auch in ihm selbst. Die Voraussetzung dafür, daß man in der Welt einen Meister erkennt und annimmt, ist, daß man zum inneren Meister und mit ihm zusammen auch zum inneren Schüler und in beiden zum inneren Weg erwacht ist.

3. Der leibhaftige Meister

Das Wort »Meister« meint, sofern es sich um eine geschichtlich reale Figur handelt, einen Menschen, in dem das LEBEN voll gegenwärtig ist. Es hat sich durchgesetzt im Erleben und Erkennen, ist als Wirkkraft präsent und in leibhaftiger Gestalt da. Im Meister ist das LEBEN seiner selbst in gelebter Wahrheit bewußt geworden, zu schöpferischer Freiheit entbunden, zu fortzeugender Richtkraft befähigt und zu nicht mehr aufzuhaltender Verwandlung befreit. So ist der leibhaftige Meister eine Höchstform menschlichen Seins, die das Gewöhnlich-Menschliche transzendiert.

Geprägt und geladen, gerichtet und beauftragt vom größeren Leben, ist der Meister der zur Manifestation des Überweltlichen herangereifte Mensch. Er hat viele Stufen überschritten, die das volle Hervorkommen des LEBENS verstellen, und hat damit als Mensch einen zugleich übermenschlichen Rang. Sein Denken und Handeln ist nicht mehr beherrscht von sozialen, moralischen oder theologischen Ordnungen und Forderungen der Welt; denn er steht in der Freiheit des Überweltlichen. Der Meister mag die Ordnungen der Welt respektieren, aber er ist ihnen nicht unterworfen. So wird er immer wieder zum Ärgernis. Die Wahrheit des LEBENS läßt das in der Welt Gewordene nur zu, wofern es das Werden des Ungewordenen nicht stört oder verhindert.

In einem erweiterten Bewußtsein hat der Meister den Resonanzboden erschlossen, auf dem die Grundtöne des Seins in Reinheit anklingen. Er hat auch jene Durchlässigkeit erlangt, die diesen Grundton auch im Umkreise ertönen und widertönen läßt.

Im Bewußtsein des Meisters ist die Einheit des Lebens in anderer Weise gegenwärtig als in der noch ungeschiedenen und ungebrochenen Einheit des prämentalen Bewußtseins. Die im Meister wirkkräftige Einheit ist auch etwas völlig anderes als die mütterlich ernährende Bezeugung uroborischer Einheit, die den Menschen so oft in die wohlige Geborgenheit undifferenzierten »Einsseins« zurücksaugt und mit diesem Sog das

Werden differenzierter Eigenständigkeit verhindert. Der Meister verkörpert vielmehr die wiedergefundene Einheit. Es ist die Einheit, der der Tod, die Zerstückelung der ursprünglichen Einheit, vorangegangen ist. Der Präsenz des Seins im Bewußtsein ist hier die Katastrophe des Verlustes der Einheit mit dem Sein, die Zerreißung der Urwurzeln, vorausgegangen. Das Licht des Meisters kommt aus der Nacht, durch die er gegangen ist, sein Wissen blüht auf dem Hintergrund des Nichts-mehr-gewußthabens. Seine Kraft kommt aus der Bekanntschaft mit Schwäche und Tod, seine Liebe aus durchlittener Einsamkeit.

Nicht nur als Verkörperung dessen, was der Schüler sucht und nun ahnungsvoll in ihm sieht, kann er diesen erreichen. Die Brücke zur Seele des Schülers ist oft mehr noch das Nachzittern überwundener Seinsferne, die ihn dem Schüler in seiner Not nahesein läßt, so, als sei er ihm irgendwie noch verwandt. Die Liebe des Meisters ist von besonderer Art.

Im Meister wird das LEBEN sich seiner selbst in der Weise des Menschen bewußt. Der Meister weiß darum, daß im Grunde nicht er sich des Lebens bewußt wird, sondern das Leben sich in ihm seiner selbst bewußt wird. Im Meister erfühlt sich das LEBEN in einem besonderen Glanz des Erlebens, wird offenbar im Licht besonderer Erkenntnis und wirksam in der Macht und im Segen außergewöhnlichen Tuns.

Meisterlich ist ein Mensch, der durchlässig geworden ist für sein Wesen. Kraft seiner Fühlung mit seinem Wesen, nimmt er in allem, was ihm begegnet, das Wesen wahr, und kraft seiner Durchlässigkeit wirkt er Transparenz für Transzendenz in seinem Umkreis. Wo der Meister ist, wird LEBEN offenbar.

Der Meister ist ein Mensch, der die übergegensätzliche Wahrheit des zwischen Zeit und Ewigkeit gespannten Lebens verkörpert. Er verkörpert diese Spannung als sich aufgegeben zur Einlösung, nicht zur Auflösung. Er macht die Spannung prospektiv fühlbar, so daß sie schöpferisch wird zur seinsgemäßen Veränderung der Welt.

Der Meister verkörpert das LEBEN, weiß um die Wahrheit und führt den Weg, auf dem sie Gestalt wird.

Im Meister wird das Sein in seiner Dreieinheit offenbar. Er repräsentiert die Fülle des Seins, die fühlbar wird in seiner ursprünglichen Mächtigkeit und Kraft. Aus ihm wirkt die Gesetzlichkeit des Seins, die sichtbar ist in seinem überlegenen Rang. Aus ihm heraus wirkt er seinsgemäße Gestalt, auch ohne zu »tun«. Der Meister verkörpert die Einheit des Seins, die spürbar ist in seiner Urverbundenheit mit allem Lebendigen, in der Tiefe seiner Menschlichkeit und in einer Liebe, die nur wenig noch zu tun hat mit einem »Gefühl«. Das kennzeichnet seine Stufe. So eignen dem Meister die drei Urqualitäten des Wesens: Mächtigkeit, Rang und Stufe *.

Der Meister steht im Glanz des in ihm gegenwärtigen und sein Bewußtsein durchdringenden LEBENS. So steht er im Licht höherer Einsicht und in der Kraft zu verwandelndem Handeln.

Der Meister ist der berufene Mittler zwischen dem weltlichen und überweltlichen Sein. Er löst die Bindungen, die den Menschen am Selbstwerden hindern und bringt die Pole ans Licht. Dann schlägt er wieder die Brücke, die das schöpferisch-erlösende, bewußte Mit- und Zueinander von Welt-Ich und Wesen ermöglicht.

Der Meister ist Meister nur im Hinblick auf eine verwandlungsfähige und nach Verwandlung verlangende Welt. Der Weise bedarf nicht des Schülers, der Meister ist ohne Schüler nicht existent, so wenig wie der Ton ohne einen, der hört.**

Der Meister ist Meister nur kraft einer Bindung an eine höhere Instanz, in deren Auftrag er handelt, und vor der er sich selber verantwortet. Der Meister als Mittler zwischen Himmel und Erde handelt immer im Auftrag. Nie gibt er sich selbst aus als Quelle. Er beruft sich auf eine höhere Wirklich-

---

* Vgl. Dürckheim, Durchbruch zum Wesen, Kap. »Mächtigkeit, Rang und Stufe«, 5. Aufl., Verl. H. Huber, Stuttgart/Bern.
** Vgl. Lama Anagarika Govinda. Der Weg der Weißen Wolken, O. W. Barth Verlag, Weilheim/Obb.

keit, auf eine überweltliche Instanz, auf Gott oder auf seinen Meister. Zum meisterlichen Dasein und Wirken gehört die Geste der Unterwerfung unter einen Höchsten und die Verehrung für diejenigen, die ihm in der Nachfolge vorangingen. Die Gegenwart dessen, der über ihm ist, bestimmt und durchwirkt sein »Zeremonial«.

Ein Meister ohne Demut ist kein Meister, oder ein Meister mit umgekehrten Vorzeichen, also des Teufels, Ausfluß und Gegenwart einer vom Ich usurpierten Transzendenz.

Der Meister ist kein Schulmeister, er ist kein Lesemeister, sondern der Lebemeister (Meister Ekkehart). Er ist der Verkörperer und Mittler, Hüter und Förderer des sich in ewiger Bewegung und Verwandlung fortzeugenden LEBENS. So können wir ihm in keiner Lage, auf keinem Stand gerecht werden. Zum Meister hinhören heißt für den Schüler, sich der ewigen Unruhe aussetzen. Dies aber wird auf die Dauer nur in dem Maße möglich, als er in ihr die Stille des Grundes zu hören beginnt und diese im Meister auch durch all seine Plötzlichkeiten hindurch spürt.

Die Stille des LEBENS ist jenseits von Ruhe und Unruhe, von Stille und Lärm. Sie ist Ausdruck jenes Friedens, der einzieht, wo man beginnt, den Unfrieden im eigenen Herzen und in der Welt als Hintergrund und schöpferisches Agens der Großen Stille zu fühlen.

Das Auftauchen des Meisters ist wie das Grollen des Löwen, Ankündigung eines Kampfes auf Leben und Tod. Es ist der Kampf, der keinem zu höherer Stufe bestimmten Menschen erspart bleibt. Es ist der Kampf, dem kein Berufener ausweichen kann. Es ist der Kampf, der das Größte verheißt, aber auch das Schwerste voraussagt: Das wirkliche »Stirb und Werde«, nicht einmal, sondern als ewige Formel des Weges.

Der Meister erfüllt nicht die Vorstellung eines Ideals vom rechten Menschen. Er entspricht nicht dem Bild dessen, der man sein sollte, im Sinne der traditionellen Werte des Schönen, Wahren und Guten. Was vom Meister ausgeht, ist dem braven Bürger ein Greuel, so wie dieser das unerschöpfliche Angriffsziel für die spitzen Pfeile des Meisters. Der Meister ist kein konsolidierendes Element, sondern eine revolutionierende Figur. Man weiß nie, was kommt. Er ist unberechenbar und widersprüchlich wie das Leben, denn er verkörpert das LEBEN, ist Leben *und* Tod, ist Yin *und* Yang im ewigen Umschwung. Er wirkt als schöpferische und zugleich erlösende Macht. Der Meister ist das Leben mit seinem Sterben, gefährlich, unbegreiflich und hart. Der Mensch strebt nach Frieden, Sicherheit, Harmonie; der Meister hebt auf, was sich soeben gesetzt hat, wirft um, was festzustehen scheint, löst auf, was sich band, zieht den Boden weg, auf dem man steht; denn es ist das *Gehen* gemeint, niemals das »Fest-Stehen«, das Weiterschreiten, nicht das Ankommen, die Verwandlung, nicht die Voll-Endung. Leben ist nur im Übergang. Der Meister hält das Leben am Leben im ewigen Übergang.

Der Meister wirft das Wohlgeordnete um. Doch kaum ist es vernichtet, vorhandenes Gefüge zerbrochen, die Unordnung scheinbar vollkommen und der Schüler wie am Boden zerstört, so spürt dieser, wie etwas Neues sich bildet, neue Ordnung sich fügt, neue Gestaltung hervorwächst. Und er erkennt in der Härte des Meisters seine Liebe und den Sinn der Nacht, in die der Meister ihn stürzte: Denn ein neues Licht zieht unvermutet herauf.

Des Meisters Weise ist ein Tun, das aus einem Nicht-Tun quillt. Der Meister »macht« im Grunde nichts. Er ist das Medium eines Lebens, das durch ihn hindurch, Menschen verwandelnd, sich auswirkt.

Der Meister weiß, was »Schüler-sein« heißt. Zum Meister gehört das den Schüler erkennende Auge, das den Schüler von Wesen zu Wesen liebende Herz und die den Schüler zugleich sacht und hart führende Hand. Der Meister hat das Wissen um den »*Weg*« und was ihn im Menschen verstellt. Er weiß um die Bedingungen, die Durchlässigkeit ermöglichen oder verhindern. Der Meister weiß um die Folge der Schritte, die dem Wesen als Weg innewohnen, und die er im Schüler auslöst. Er weiß um die Gesetzlichkeit des Werdens, um die Folge der Stufen. Der Meister weiß um die Lichter auf dem Weg, aber auch um die Irrlichter, die den Schüler verführen. Der Meister weiß um die Notwendigkeit und die Weise des Sterbens, das dem Erwachen zu neuem Leben voraufgeht.

II. DER SCHÜLER

Der Ewige Meister ist das LEBEN auf dem Weg, sich in der Gestalt des Menschen in der Welt zu manifestieren. Als historische Gestalt tritt er in die Erscheinung nur dort, wo einer als Zeuge dieses LEBENS von einem anderen erkannt und gerufen wird, der seiner bedarf.

Wo ein Mensch, der bislang in seinem Ich-Weltbewußtsein sein Genüge fand, seine Gefangenschaft im Bedingten erkennt, ist der Augenblick zu einer Wende gekommen. Wo er dann einmal unüberhörbar die Stimme des Überweltlichen vernimmt, das seinem Wesen einwohnt, den Ruf zur Umkehr hört und zur Möglichkeit erwacht, ihm zu gehorchen, ist in ihm der Schüler erwacht. Doch Schüler geworden ist er erst dann, wenn er sich für den »großen Dienst« *entschied*, und nun nach dem Meister ruft, der ihn führt.

Erst dort kann man davon sprechen, daß ein Mensch zum Schüler erwacht ist, wo er vom ganz Anderen in einer Weise angerufen ist, die seine ganze bisherige Wegrichtung in Frage stellt, erst dort also, wo in ihm die Gewißheit oder zumindest die ihn verpflichtende Ahnung eines Lebens aufging, dessen Sinn nicht mehr säkularer, sondern durch alles säkulare Leben und Wirken hindurch transzendenter Natur ist. Ist der Schüler erwacht, so ist mit ihm zugleich auch der innere Meister erwacht und mit der drängenden Frage nach einem wirklichen, leibhaftigen Meister auch die Begegnung mit einem solchen konstelliert.

Schüler und Meister sind eins. Es sind zwei Seiten des zu seiner Manifestation in der Welt durchbrechenden LEBENS, sowohl im Bewußtsein eines Menschen als in der Begegnung von zweien. Wir alle sind im Grund, wenn auch noch schlafende, Schüler des ewigen Meisters, sind potentielle Gefolgsleute des uns zur Gefolgschaft rufenden, in unserem Wesen anwesenden Seins.

Der Mensch kann seine Bestimmung nur im Hinhören auf den inneren Meister erfüllen. So ist er von Natur immer auch der potentielle Schüler, der innere Schüler gegenüber dem inneren Meister; so wie der Meister in ihm, ist auch der Schüler immer schon »da«. Er ist dem Archetypus des Meisters als Archetypus des Schülers zugeordnet, das heißt der Archetyp des zur bedingungslosen Gefolgschaft auf dem Wege zur Einswerdung mit dem Sein Bereiten.

Dem Erwachen zum Schüler liegt nicht immer ein großes Ereignis zugrunde. Auch das Unscheinbarste kann plötzlich die innere Wende herbeiführen; denn das Erwachen zum Schüler ist immer seit langem im Leiden an der Atemnot des Wesens vorbereitet. Sie kann ihren Ausdruck auf vielerlei Weise finden. Die Skala der Möglichkeiten reicht vom physischen Unbehagen über neurotische Störungen, tiefe Depressionen bis hin zur Neigung zum Suicid. Je größer die Not aus dem Wesen, desto größer die Chance, daß ein Geringes die Wende herbeiführt. Es ist irgend etwas, das die Saite des Wesens zum Anklingen bringt, und nun, völlig unerwartet das Unbekannte, das Geheime an den Tag bringt, etwas, das initiatischen Charakter gewann, das heißt das Tor zum Geheimen aufschlug, indem es dem Menschen das »ganz Andere« einmal spürbar ins Innesein trieb. Er ist vom großen Unbekannten berührt. Für einen Augenblick wirft es ihn in Verwirrung. Er ist zugleich beglückt und bestürzt und kostet, vielleicht für den Bruchteil einer Sekunde, eine unbekannte Freiheit. So kann es dann sein, daß er sich von einem ganz Anderen ergriffen und ihm zugehörig fühlt. Er ahnt eine andere Dimension, eine unbekannte Fülle und Tiefe und in all dem die Verheißung zu einem Leben, das ihm bisher verschlossen war. Nur aber, wo solches nicht vorbeirauscht und verfliegt wie eine schöne Stimmung, sondern als Verpflichtung erfahren wird, bedeutet es das Erwachen zum Schüler. Eine Erleuchtung schafft noch keinen Erleuchteten.

Was in erster initiatischer Erfahrung vom Menschen erfahren wird als ein erster Einbruch in sein natürliches Weltbewußtsein, hat erweckenden Charakter nur, wo die Forderung verstanden wird, die sie enthält, die Forderung, die eine Anstrengung verlangt, die nach Art und Richtung etwas anderes ist als alles, das vom Betroffenen bisher als Dienst oder Verzicht verlangt wurde.

Gemessen an dem, was im ersten initiatischen Erleben am Horizont der Möglichkeiten aufsteigt, scheint das bisherige Leben von Blindheit und Taubheit geschlagen gewesen zu sein, der Tiefe ermangelnd, sinnarm und einsam, und mit einem Male ist da die Möglichkeit zu etwas Neuem, dessen Verwirklichung freilich von einer inneren Verwandlung und nicht wie alles bisher von sichtbarer Leistung in der Welt abhängt. Das darin für den zum Schüler Erwachten Beglückende, aber auch anders Verpflichtende ist, daß das neue Gesetz, das ihm auferlegt ist, nicht von außen kommt, sondern von innen, ja mehr noch, daß er dieses Gesetz offenbar selber ist, selber in seinem dem Sein zugehörigen Wesen, und daß seine Erfüllung von ihm selbst und nicht von äußeren Umständen abhängt.

Das ist der Augenblick des Erwachens zum Schüler, wenn der Mensch nicht nur die Stimme hört, die ihn aus seiner alten in eine neue Wirklichkeit ruft, sondern wo er ihr zu gehorchen bereit ist, ganz einfach, weil er den Weg, auf den sie ihn ruft, als unausweichlich empfindet und als den ihm vorgegebenen ahnt. Ohne ihn zu kennen, muß er ihn gehen, so als ginge ihm die altindische Weisheit auf: »Nichtwissend den Weg gehe ich den Weg mit geöffneten Händen, mit geöffneten Händen«.

»Doch wer darf sich Schüler nennen? Nur der, den die Sehnsucht von Grund auf gepackt hat, der, von der Not an die Grenze getrieben, glaubt draufgehen zu müssen, wenn er nicht durchbricht.

Nur der, den die Unruhe des Herzens ergriff und ihn nicht mehr losläßt, eh sie gestillt ist.

Nur der, der, einmal zum Weg angetreten, weiß, daß er nicht mehr zurückkann, und bereit ist, sich führen zu lassen und zu gehorchen.

Nur der, der zum großen Vertrauen befähigt, folgen kann, wo er nicht mehr versteht, und zu jeder Prüfung bereit ist.

Nur der, der hart sein kann gegen sich selbst und, um des Einen willen, das in ihm ans Licht drängt, alles zu lassen bereit ist.

Nur der, den das Unbedingte ergriff, kann sich allen Bedingungen unterwerfen und die Härte des Weges ertragen, auf dem der Meister ihn führt.

Groß steht das *Alles oder Nichts* über der Schwelle, über die der Schüler den Raum der Übung betritt. Alles läßt er zurück, nur eines darf ihn begleiten: daß es nicht Willkür ist, die ihm im Meister begegnet, sondern schauende Weisheit, die, stracks auf sein Wesen gerichtet, jedes Mittel ergreift, um es zum Leben zu bringen; denn der Sinn des ihm zugemuteten Sterbens ist nicht der Tod, sondern *Leben*, das jenseits von Leben und Tod ist, und nicht die Zerstörung des Daseins, sondern seine Erhöhung aus dem ihm innewohnenden Sein.«*

Mit der Geburt des Schülers zusammen erfolgt auch die Geburt des inneren Meisters. Ohne sich eine Vorstellung davon machen zu können, was das bedeutet, »der Meister«, ahnt es der zum Schüler Erwachte doch; denn der Meister in ihm ist erwacht in der Form eines neuen Gewissens. Es ist dies das verpflichtende Urwissen um den dem eigenen Wesen eingeborenen Weg zu einer Verwandlung, in der der Mensch ganz und gar durchlässig wird für das Offenbarwerden des Seins. Das ist etwas ganz anderes als das primitive Gewissen, das nichts anderes ist als eine Angst vor Strafe und nur dort aufkommt, wo gegebenenfalls Strafe droht. Das absolute Gewissen ist aber auch etwas anderes als die Stimme dessen, dem man verpflichtet ist in der Welt, einem Menschen,

---

* Vgl. Dürckheim »Zen und Wir« O. W. Barth 2. Aufl. 1972.

einem Werk, einer Gemeinschaft, und die sich erhebt, wo man nicht in ihrem Sinne handelt, nach dem Gesetz: »Das Sein des Ganzen ist das Sollen seiner Glieder.« Die Stimme des inneren Meisters ist die einer Instanz, die ausschließlich zur unbedingten Treue gegenüber dem in der eigenen Seele erlebten Kern verpflichtet und gegebenenfalls auch gegen alle in der Welt verpflichtenden Bindungen entscheidet. So ist der wirklich zum Schüler Erwachte kraft des absoluten Gewissens auch zu etwas fähig, was die Welt ihm als Untreue, Grausamkeit oder Verrat anlastet.

Im absoluten Gewissen des zum Schüler Erwachten äußert sich die Omnipräsenz des Absoluten. Die Stimme des inneren Meisters ist unbedingt, und Schüler kann sich nur nennen, wer dieser Stimme zu gehorchen bereit ist. Dieser Gehorsam bedeutet auch die unbedingte Disziplin.

Es gibt zwei Formen von Disziplin: die heteronome und die autonome. In jener ist der Mensch einer äußeren Autorität unterworfen, erfährt sie als Fremdmacht und Beschränkung seiner Freiheit. Die autonome Disziplin ist Ausdruck der Treue zu einer Entscheidung zugunsten des eigenen Wesens – der Quelle der wahren Freiheit.

In der autonomen Disziplin hat der Mensch die Freiheit des Ichs (zu tun und zu lassen, was es will) zugunsten der Freiheit vom Ich (zu tun, was das Wesen will) eingetauscht. Die gebietende Instanz ist der Mensch selbst in seinem Wesen als innerer Meister. Auch der Blick auf den Meister in der Welt belebt immer nur von neuem den inneren Meister. Wo dieser fehlt, ist die Wirkkraft des Meisters draußen ohne verwandelnde Kraft, ja es ist dann gar kein Meister da. Dies ist auch der Grund, warum ein wirklicher Meister sich immer wieder zurückzieht, den Schüler sich selbst überläßt. Er erprobt und beruft dann den inneren Meister und steht ihm nicht mehr im Wege.

Meister und Schüler leben im gleichen Raum. Sie leben in der gleichen Lebensluft, die erfüllt ist von der Qualität des Numinosen, diesem Hauch aus einer anderen Welt: erregend, erfrischend, fordernd und bergend, stillend und nährend, unheimlich und anheimelnd zugleich. Meister und Schüler stehen im gleichen Licht, das alles transparent macht im Hinblick auf das Wesen. Meister und Schüler haben eine gemeinsame Temperatur, eine sie verbindende und zugleich mit allem verbindende Wärme des ungebrochenen Kontaktes von Wesen zu Wesen. Meister und Schüler stehen in der gleichen Kraft des LEBENS, das sie durchströmt, sie trägt, beflügelt und vorantreibt. Meister und Schüler stehen im Dienst des gleichen Herrn, im Dienst des zum Offenbarwerden drängenden göttlichen Seins.

Der zum Schüler Erwachte steht zwischen zwei Feuern, dem des Meisters – des inneren sowohl wie des äußeren –, der ihn ganz zum Zeugen des göttlichen Seins machen will, und dem der Welt-Person, die egozentrisch oder auch ichlos und sachlich auf die Welt bezogen, noch nicht um die eigentliche Mitte kreist. Diese Spannung ist etwas anderes als die unbewußte Spannung zwischen Ich und Wesen. Der zum Schüler Erwachte ist sich der vom Wesen ausgehenden Verpflichtung und ihrer Spannung zu den Forderungen der Welt bewußt. Das ist mehr als das in der Treue zur Welt wachsende unbewußte Leiden an der Verdrängung der im Wesen gegründeten Verheißung. Der Fortschritt auf dem Weg fordert vom Schüler, sich eine Zeitlang und immer wieder ganz dem Wesen zu unterwerfen und den Zorn der Welt zu ertragen, die ihm Untreue vorwirft. Nur wer es einmal vermocht hat, das Wesen gesondert von allem, was Welt ist, zu spüren, wird es dann in allem, was Welt ist, wiederfinden und ihm dienen können auch in allem weltlichen Tun.

Der zum Schüler Erwachte ist im Begriff, einen neuen Rang des Menschseins zu gewinnen, den Rang des Menschen, der auf dem Weg zum WEG ist. Diesen Rang gewinnt er nicht mit einem Schlag. Das Erwachen zum Schüler ist ein Prozeß, der über viele Stufen führt. Er beginnt mit dem Erlebnis des inneren Rufs, dem Hören dieses Rufs und dem ersten Gehorchen. Damit gerät der Mensch auf den Weg zum WEG. So ist zu unterscheiden die Stufe des zur Möglichkeit des Schülers

Erwachten und die Stufe des zur Wirklichkeit des Schülers Erwachten.

Ein östlicher Meister antwortete auf die Frage: »Was unterscheidet den Schüler vom Meister?« »Wenn sich einer schon wirklich Schüler nennen darf, ist er bereits dort, wo auch der Meister ist, auf dem *Weg*, nur daß man es beim Meister schon etwas mehr sieht als beim Schüler.« Das bedeutet: Der wirklich Schüler Gewordene ist nicht mehr in der Gefahr, in der ständigen Auseinandersetzung mit dem Welt-Ich dem Prozeß nie endender Verwandlung zur Großen Durchlässigkeit hin untreu, d. h. in der Gefolgschaft des Meisters abtrünnig zu werden. Der erst zur Möglichkeit des Schülers Erwachte ist noch ein unsicherer Kantonist. Er ist zwar bereits vom Sein berührt, ist zur Gefolgschaft bereit, hat vielleicht bereits das Aufnehmen der ersten Exerzitien versprochen, aber im Grunde ist er noch nicht zum Weg entschieden. Er ist auf dem Weg zum WEG, aber noch nicht durch das Tor der Verwandlung geschritten, von wo es kein Rückwärtsgehen mehr gibt. Am Beispiel des ewigen Gebetes erläutert: Nicht er spricht dann das ewige Gebet, sondern das ewige Gebet spricht ihn. Wohl muß er, weil er ein Mensch ist, immer wieder mit der Versuchung rechnen, stehen zu bleiben, aber im Grunde ist keine Gefahr mehr. Er *ist* auf dem Weg bedeutet dann: der WEG hat ihn.

Auch der potentielle Schüler gehört schon dem geheimen Orden an, als Novize. Er hat die Aufnahmeprüfung bestanden, wenn er die Stimme des Seins, den Ruf der Transzendenz, nicht nur gehört, sondern sich schon in die »Richtung« des *Weges* begeben hat, in die sie uns ruft. Die naive Einheit des Lebens, wie sie für den natürlichen Menschen besteht, ist dann zerschnitten. Das Gebäude der alten Weltanschauung – errichtet auf unseren fünf Sinnen, unserem Verstand, unserem Bewußtsein der Werte des Wahren, Schönen und Guten, unserer Ethik vom Leisten und Wohlverhalten und auf etwas »Religion« – ist nicht nur zu eng geworden (so, als müßten wir nur noch ein Stockwerk hinzufügen), sondern es stimmt in seinen Grundfesten und seiner ganzen Konzeption nicht mehr, so als seien wir Vögel, die flügge geworden und den sie bislang schützenden Käfig mit einem Mal als das erleben, was er ist, ein Gefängnis! Bleiben wir aus Bequemlichkeit oder Angst doch darin, dann ist das Verrat an unserem Wesen.

Der Mensch, vom Sein getroffen, steht im Zeichen einer völlig neuen Forderung, im Glück und Glanz eines anderen Lichtes. Er weiß einfach, daß in ihm eine ganz andere Wirklichkeit aufgegangen, richtiger, daß er zu einer anderen Wirklichkeit aufgegangen, noch richtiger, daß er *als* ein ganz anderer wirklich aufgegangen ist, als es der war, für den er sich bisher hielt. Aber um der, der er im Wesen ist, auch in der Welt und für die Welt zu werden, bedarf er des Meisters.

III. WIE DER MEISTER WIRKT

Der Meister hat fünf Weisen zu wirken: die Lehre, die Weisung, die Strahlung, das Beispiel, den Schock.

1. Die Lehre

Ein Satz aus der mittelalterlichen Scholastik lautet: »Die Philosophie ist die Magd der Theologie.« Dies bedeutet: die Theologie, d. h. hier der im Bewußtsein verankerte Glaube, ist das erste. Er ist nicht auf diskursivem Denken gegründet, sondern unmittelbar gegeben im Hereinlassen der Offenbarung. Weil aber der Mensch ein denkendes Wesen ist, hat er das natürliche Bedürfnis und die Aufgabe, das, was im Glauben unbegründet im inständlichen Bewußtsein lebt, so weit wie möglich auch ins gegenständliche Bewußtsein zu heben, mit dem Verstand zu interpretieren, begrifflich zu fassen und zu einem Gefüge zu ordnen.

Immer war in diesem Sinn die Glaubenswahrheit von einer Lehre begleitet. Nicht anders steht es mit der vom Meister zu übermittelnden Wahrheit des sich selbst in ihm und durch ihn verwirklichenden LEBENS. So wenig sich das Eigentliche, um das es in aller Meisterführung geht, erklären und in Begriffe fassen läßt und nur von Herz zu Herz überspringen kann, so sehr bildet doch das Wort und die »Lehre« ein unverzichtbares Bestand- und Begleitstück im Ganzen meisterlicher Führung.

Die Lehre wird um so mehr als notwendig empfunden werden, als der Meister es mit intelligenten Schülern zu tun hat, die nicht nur nachahmen und gehorchen, sondern mitdenken wollen. Je mehr der Schüler eine reflektierte Lebensordnung gewohnt ist oder anstrebt, d. h. alles, was überhaupt dem Wissen zugänglich ist, begrifflich klarzustellen sucht, um so mehr wird er verlangen, das ihm vom Meister Zukommende in einer Weltanschauung begründet zu sehen, die mehr ist als eine Ideologie oder der Niederschlag frommer Wünsche. Sie muß auf Erfahrungen gründen und eine auch begrifflich einleuchtende und haltbare Erkenntnis enthalten. Der Kern der Lehre des Meisters läßt sich nicht gedanklich vermitteln. Aber doch lassen sich für den denkenden Menschen die Erscheinungsformen, Voraussetzungen und Folgen seiner Bewußtwerdung ins begriffliche Bewußtsein heben.

Echte Religiosität ist nur als Ausdruck unmittelbarer Rückgebundenheit an die Transzendenz zu verstehen. Diese rührt uns nur in letztlich unaussprechlichen Erfahrungen an. Aber es bleibt doch immer das Bedürfnis bestehen, Ausgangspunkt, Sinn und Weg des von ihnen ausgehenden und in ihnen mündenden Verwandlungsgeschehens zu erkennen und seine psychologischen Voraussetzungen und Folgen soweit zu verstehen, daß seine Bedeutung auch einem gegenständlichen Fragen standhält.

Eine echte Meisterlehre begegnet dem Bedürfnis nach Verstehen in zweierlei Weise. Sie zeigt die Schlüssigkeit des im einzelnen Gesagten in seiner Verankerung im Ganzen der Bewegungsordnung auf, die der vom Meister gezeigte Weg enthält, und sie bestärkt die Hoffnung und begründet die Aussicht auf die vom Schüler zu seiner »Selbstwerdung aus dem Wesen« erwartete Hilfe. Sie antwortet also auf eine rationale und auf eine existentielle Frage.

Meister hinterlassen kein philosophisches System. Sie mögen viel oder wenig gesagt oder geschrieben haben – es hat in allen seinen Abwandlungen immer nur den Sinn, das »Eine, das nottut«, überspringen zu lassen. Der Meister hat immer nur eine einzige Sache mitzuteilen. Aber immer neu klingt die eine Botschaft, und tausendfältig sind die Figuren, durch die er sie sprechen läßt, die Lichter, in denen er sie aufleuchten läßt und die Wege, auf denen er zum WEG hinführt.

Der Meister kann seine Lehre in einer altüberlieferten Form geben, z. B. in Formeln einer ehrwürdigen Tradition. Aber der Meister überliefert sie immer in *seiner* Weise, so wie sie in *ihm* lebt. Nur im Zeugnis einer Individualität springt das Universelle über. Selbst wenn der Meister sich an den Wortlaut überlieferter Formeln hält, übermittelt er das Gemeinte in seiner Weise, und dann ist es, als erwüchse das tausendfach Wiederholte erstmalig und unmittelbar aus der Wurzel alles Lebendigen. Die Lehre des Meisters kann auch die eigenwillige Interpretation einer Tradition sein, kann einer selbstgeschaffenen Metaphysik gleichen – das Entscheidende der Lehre wird immer der Funke sein, der überspringt. Nicht, was der Meister sagt, ist so wichtig, sondern wie er es sagt, und daß *er* es sagt. Denn das Gesagte wirkt nur, wenn der Sagende es selbst ist. Der Meister überzeugt nicht mit Argumenten, sondern mit seinem Sein.

»So ist die Lehre nicht das Entscheidende. Es gibt nur die Mitteilung von Herz zu Herz, von Wesen zu Wesen, vom Sein, das der Meister im Grunde ist, zum Sein, das auch der Schüler in seinem Wesen i s t.

Der Meister verhält sich nicht pädagogisch. Er untersucht nicht, belehrt nicht und gibt keinen Rat. Vom Einen erfüllt, blickt er nur unverwandt auf das Eine, schaut auf des Schülers Wesen, fühlt zu ihm hin aus seiner Mitte heraus, liebt es, ruft es an und stößt unmittelbar darauf zu. Und alles, was dem Wesen im Weg steht, sieht er in einer einzigen Formel versammelt: Im Haften an dem, worauf ein Mensch feststeht und worin er festsitzt. Das ist die Wurzel des Übels, und die gilt es auszureißen ohne Rest. So bricht alles, was vom Meister ausgeht, aus dem Raum des »Ungewordenen« hervor, einmalig und unmittelbar, um das Ungewordene auch im anderen ganz frei hervortreten zu lassen. Im Jetzt und im Hier muß es sein. Nur in ihm spiegelt sich das ewige Nun, nur in ihm kann den Schüler der Blitz der Erleuchtung durchfahren, der durchbricht durch die Wand der ihn gefangenhaltenden Ordnung. Jedes vertraute Bild, jeder Begriff, der gewohnt ist, ist gefährlich, jede Rede von Übel, die eine geläufige Denkform neu bestätigt. Nur was als Wort oder Schweigen, als Tun oder Nicht-Tun, gerade jetzt, einmalig und unwiederholbar aus der Mitte kommt, aus der Ergriffenheit vom Einen, kann den anderen ergreifen und das ihm innewohnende Sein anrühren, wecken und ans Licht bringen.«*

Der Inhalt einer Meistertradition erscheint immer auf zwei Ebenen: als ein Gefüge von Geschichten, Bildern und Begriffen, die dem natürlichen Verstand zugänglich sind und ihm einleuchten, weil sie sich an das natürliche Ich richten, aber in ihrer »verständlichen« Interpretation auch leicht verhärten – die ewige Gefahr jeder Religion in der exoterischen Form ihrer Überlieferung. Und zum anderen als ihr esoterischer Sinn, der im begrifflich unfaßbaren Kern der Bilder und Geschichten lebt. Er ist der tiefere Sinn der Symbole, den zu vernehmen voraussetzt, daß man »Ohren hat, zu hören«. Es ist das Unfaßbare, um das sich alles dreht, das auch durch die exoterische Form hindurchschimmert und den Gläubigen berührt, aber nur einem höheren Bewußtsein aufgehen kann. Nur für den, der bereit ist, d. h. das Ohr hat, zu hören, klingt der geheime Gehalt der ihm vom Meister vermittelten Lehre durch alle Bilder hindurch in einer Weise, die immer von neuem anrührt und verpflichtet – auch zum Schweigen!

Sobald sich bestimmte Geschichten und Bilder als solche im Kopfe des Schülers festsetzen, Formeln und Begriffe eigenläufig werden und unmerklich an die Stelle der lebendigen Wahrheit treten, wird der Meister sie wieder zerstören. Bilder und Begriffe dürfen nie etwas anderes sein als Hinweise, Erinnerungen, Ermunterungen im Hinblick auf eine mögliche Erfahrung. »Der Finger, der auf den Mond weist, darf nicht mit dem Mond verwechselt werden«, so sagen die östlichen Meister.

Zu allen Zeiten ist es ein Zeichen dafür gewesen, daß der Schüler es »verstanden« hat, d. h. wirklich selbst zur Wahrheit erwacht ist, daß er dem Meister eines Tages die Worte zurückgibt, in denen ihm ursprünglich die Wahrheit vermittelt wurde. Immer wieder ist es geschehen, daß ein Schüler das Buch der heilig gehaltenen Lehre verbrennt, denn gemessen an der nun innerlich reif gewordenen Frucht ist das Geschriebene

---

* Vgl. Dürckheim »Zen und Wir« a. a. O.

nur noch »leeres Stroh«, und wenn der Meister ein Meister ist, dann freut ihn diese Untat.

Zu allen Zeiten hat das heilige Buch der Lehre aber auch eine besondere Rolle gespielt. Vom Meister dem Schüler persönlich übergeben, hat es bisweilen den Charakter einer unmittelbaren Präsenz der sich dem Schüler schenkenden Transzendenz. Es ist wie die Gegenwart des Göttlichen selbst. Daher auch die Tradition, daß es im Augenblick des Schwures berührt wird, daß es im Wohnraum einen besonderen Platz hat und in besonderer Weise mit ihm umgegangen wird. So aber kann auch ein anderer Gegenstand geladen sein mit einer übersinnlichen Kraft, die vom Meister ausgeht, der ihn gab, und in dem das wirkkräftig gegenwärtig ist, was er gelehrt hat. Wer die lebendige Bedeutung eines heilig gehaltenen Gegenstandes psychologisch aufheben zu können glaubt, der vergißt, daß für den Menschen als lebendiges Subjekt die Welt die Wirklichkeit hat, die sie für ihn bedeutet, und daß für ihn ihre »Tiefe« abhängt von der Tiefe, in der er sich der Welt gegenüber selbst zu öffnen vermag.

Der Kern der lebendigen Lehre kann in der Vermittlung des Meisters gegenwärtig sein in einem Bild, einem Vorgang, einer Gebärde, und selbst in einem einzigen Wort. Dann hat der Meister die Funktion eines Priesters. So inbesondere, wenn er den Schüler berührt, ihm ein heiliges Zeichen auf die Stirn macht, oder ihm ein heiliges Wort mitgibt, vielleicht nur eine Silbe, deren Wiederholung das Göttliche selbst gegenwärtig sein läßt.

Wenn ein Schüler glaubt, mit »Verbrennen« beginnen zu können, dann irrt er sich. Fragt man einen Meister, wozu den Weg des Denkens gehen, wenn man schon vorher weiß, daß er in eine Sackgasse führt, wird der Meister antworten: »Weil Du ein denkender Mensch bist!« Das Denken mag wohl die Schattenfunktion des unmittelbaren Vernehmens sein, auf das es letzten Endes ankommt; auf dem inneren Weg aber läßt sich der eigene Schatten nicht überspringen. Man muß das rechte Teil über sein Gegenteil entdecken, den Weg über den Abweg, das Einswerden über die Trennung, das LEBEN über den Tod. Man muß den Schatten (das verdrängte Leben) entdecken, annehmen und integrieren, sonst kommt er, meist erst, wenn man sich für gut fortgeschritten hält, plötzlich hinterrücks hervor, stellt einem ein Bein, man stürzt und muß von vorne beginnen. So wird in unserer Zeit das rational nicht faßbare LEBEN und die es zum Gespür bringende Qualität bei denen am meisten Aussicht haben, in seiner Eigenbedeutung erkannt und anerkannt zu werden, die die Grenzen der rationalen Möglichkeiten ausgeschritten haben.

Die Geringschätzung oder zumindest das Mißtrauen gegen die »Lehre«, d. h. ein geordnetes begriffliches Wissen über Sinn und Weg der Verwandlung, hat seinen Grund in der Sorge, daß sich eine reflektierte Wirklichkeit an die Stelle der unmittelbar gelebten setzen könnte. Es ist die alte Regel aller echten Seelsorge, belehrende Begriffe zu meiden, weil sie den Bedürftigen nur ärgern, ihm aber nichts geben. So hütet sich auch die Mystik aller Zeiten vor dem Begriff, weil er das Erfahrene, indem er dieses fixiert, zunichte macht. Allein das im Bestätigen fixierende »Ja« als Antwort auf die zünftige Frage eines Meisters: »So, nun hast du es also?« an einen Schüler, der die Große Erfahrung hatte, veranlaßte den Meister, den Schüler hinauszuwerfen: »Nichts hast du mehr!« Es gibt aber nicht nur den erklärenden und feststellenden Begriff, der den lebendigen Gehalt des lebendigen Wortes und Tuns tötet, es gibt auch den hinweisenden, eine Erfahrung bewahrenden Begriff – dessen Verständnis aber den »Verstehenden«, das heißt Seinserfahrenen voraussetzt. Das planmäßige Fortschreiten auf dem Weg der Bewußtseinserweiterung kann nicht auf ihn verzichten.

2. Die Weisung

Es unterscheidet den Meister vom klassischen Psychotherapeuten, daß er eingreift, führt, korrigiert und Weisungen gibt. Und das unterscheidet den Schüler vom Analysanden, daß er die Weisung erwartet und bereit ist, ja begierig, ihr zu folgen. Am deutlichsten wird der Unterschied dort, wo der Meister das Vertrauen des Schülers, das ja die ganze Beziehung begründet und rechtfertigt, dadurch erprobt, daß er vom Schüler etwas verlangt, was dieser weder versteht noch gerne tut.

Der junge Mensch von heute, sofern er nicht weiß, worum es hier geht, sähe darin nichts als ungerechtfertigte Autorität, also typische Vaterherrschaft. Und ohne Zweifel, es war höchste Zeit, daß eine gewisse Form väterlicher Autorität verschwindet. »Warum soll ich es tun?« »Weil ich es gesagt habe.« Oder: »Kinder, ich weiß nicht, was ihr wollt mit der Freiheit, in meinem Hause kann doch jeder tun, was ich will.« Gewiß ist es an der Zeit, daß der Eigenständigkeit stattgegeben und sie schon von früh auf entwickelt und die Würde der Person schon im Kinde respektiert werde. Die Autorität des Meisters gründet aber gerade darin, daß er das ihm zur Selbstentfaltung anvertraute Wesen des Schülers zum Gesetz seiner Weisungen macht.

Die Autorität jeglichen Vorgesetzten beruht darauf, daß er das Ganze, in dessen Dienst sich der Untergebene begeben hat, in höherem Maße verkörpert als dieser. Gehorsam ist dann Ausdruck des in beiden wirksamen Ganzen. Das Sein des Ganzen ist das Sollen seiner Glieder – das gilt für den Vorgesetzten wie für den Untergebenen, ob er Schulmeister ist, »Chef«, Offizier, Abt oder auch der Meister. Ein Unterschied in allen autoritären Beziehungen liegt darin, ob der in diesem Verhältnis Untergebene es freiwillig ist oder gezwungen, ob das Verhältnis also sein Dasein einer freien Entscheidung verdankt oder einem Zwang. Oder ob die früher einmal getroffene Entscheidung innerlich noch stimmt oder nicht. Auf der anderen Seite aber hängt die Legitimität des Verhältnisses davon ab, ob der Vorgesetzte ein echter Vertreter des Ganzen ist, das er in seinem Amt verkörpert, oder nicht. So also, ob der Meister ein echter und überzeugender Vertreter des LEBENS ist, das er vertritt.

Im echten Meister-Schüler-Verhältnis ist und bleibt der Schüler frei. Sein Gehorsam ist Ausdruck seiner Freiheit. Die Disziplin, der er sich unterwirft, ist nicht heteronom, sondern autonom. Und so wie es seine Freiheit war, sich diesen und keinen anderen als seinen Meister zu wählen, so steht es ihm frei, wann immer er will, wieder zu gehen – sei es, weil er glaubt selbständig sein zu können, oder weil er sich überhaupt dem *Weg* nicht mehr gewachsen fühlt, oder weil er zu einem anderen Meister gehen will. Hier liegt viel Tragik im Leben der Meister, denn sie erleben es immer wieder, daß ein Schüler, für den sie jahrelang alles eingesetzt, sie aus irgendeinem Grunde verläßt. Niemand wird dem Schüler dann etwas in den Weg legen. Solange aber der Schüler beim Meister ist, hat er sich in Freiheit der Autorität des Meisters unterworfen. Und eher kommt es vor, daß er dem Meister vorwirft, seine Gefolgschaftstreue nicht genügend durch harte Forderungen auf die Probe zu stellen, als daß er sich über zu große Härte beklagt. All dies hat aber zur Voraussetzung, daß der Schüler begriffen hat, daß der Weg die fortgesetzte Auseinandersetzung mit dem eigenwilligen, um seine Position besorgten kleinen Ich ist. Der Schüler folgt der Weisung des Meisters, auch wo sie hart ist. Nicht aus Kadavergehorsam gegenüber einem in der Welt mächtigeren Willen, sondern um mit Hilfe eines mehr Wissenden und mehr Seienden die Tyrannei des Ichs abzuschütteln und in die Freiheit des Wesens zu kommen.

Alle Weisungen des Meisters erfolgen innerhalb eines existentiellen Verhältnisses von Wesen zu Wesen. Ein solches Verhältnis bezeugt immer die Einheit im Grunde. Meisterliche Weisung ist in ihrer Kraft daher nie nur geladen von der im Meister gegenwärtigen Fülle des Seins, sie hat nicht nur ihre Berechtigung in der vom Meister verkörperten und aus ihm sprechenden Gesetzlichkeit des Seins, sondern sie spiegelt immer auch die Meister und Schüler verbindende Einheit des Seins. Ja, die härteste, unbegreiflichste Weisung des Meisters hat ihre Wurzel in seiner Liebe zum Schüler. Sie kommt aus der in ihm als Aufgabe und Verpflichtung wirkenden Einheit mit des Schülers Wesen, das in der von ihm verantworteten und geforderten Verwandlung sich fortschreitend durchsetzen soll in dieser Welt. Und je tiefer die existentielle Verbundenheit, um so unbekümmerter wird der Meister mit seinem Schüler umgehen und auch Zeichen und Weisungen geben, die auf der natürlichen Ebene unbegreiflich bleiben müßten; Zeichen seiner unermüdlichen Bereitschaft, seines Einfallsreichtums und seines Mutes. Die Legitimation für all das liegt in der Präsenz der anderen Dimension.

Im Zentrum aller Weisungen befinden sich in der Meisterlehre immer auch solche, die sich auf *Übungen* beziehen. Das Exerzitium bildet immer ein wesentliches Stück auf dem initiatischen Weg. Der Meister gibt die Übung, führt in sie ein, kontrolliert sie, weiß um die Schritte und die Zeichen des Fortschritts, insbesondere dort, wo es sich nicht mehr um Technik handelt und um Anzeichen für das Hereinspielen des immer noch am Erfolg interessierten Ichs, sondern um die Zeichen dafür, daß das Wesen beginnt ins Bewußtsein zu treten. Kurz, der Meister begleitet Schritt um Schritt die durch die Übung geförderte Verwandlung des Menschen zur Transzendenz. Der Meister bestimmt Art, Häufigkeit und Maß der Übung. Häufig handelt es sich auf dem initiatischen Weg um Übungen der natürlichen Kräfte, die bis an die Grenze der Erschöpfung führen, die bei entsprechender Gesamteinstellung aber auch erst die übernatürlichen auf den Plan rufen und zulassen. Erst wo das Ich aufgibt und sich dreingibt, kann, vorausgesetzt, daß das Personzentrum unbeirrbar bleibt, das, was jenseits des Ichhorizontes ist, in die Erscheinung treten.

Immer auch erfolgt die Führung des Meisters im Bereich der Übungen in nie endender Wiederholung derselben Weisungen und Mahnungen, die den Schüler in der rechten Gesamteinstellung halten. Dies betrifft nicht nur den Bereich bestimmter Übungen, sondern die Haltung des Schülers im Allgemeinen. Der Meister spürt beim Schüler die geringste Abweichung von der rechten Haltung, jeden falschen Ton in der Stimme, jeden Anflug selbstgerechten Sich-Darstellens, jede Unwahrhaftigkeit, jede Vorspiegelung falscher Tatsachen. Dann greift er ein. Aber er geizt mit dem Lob.

3. Die Strahlung

Der Meister wirkt durch seine Strahlung. Vom Meister geht etwas aus und geht etwas über ohne Worte, ohne Tun. Immer ist dieses wortlose Etwas das Wesentliche in den Worten und im Tun. Dieses besondere Etwas wirkt in vielfacher Weise.

Es gibt dem anderen eine besondere Kraft. Wohl fühlt man sich dem Meister gegenüber ganz klein, denn er reduziert das anspruchsvolle Ich zu nichts, aber vielleicht fühlt man sich bei ihm und mehr noch, wenn man von ihm geht, gerade deswegen ganz stark, weil er die Kraft weckt, die, vom kleinen Ich meist verdeckt, im Wesen ist. In Gegenwart des Meisters kann man auch einer Vernichtung ruhig entgegensehen, so als schmölze in seiner Gegenwart das Vernichtbare weg und bliebe nur das Unvernichtbare übrig.

In der Strahlung des Meisters ist ein Licht, das durch den Nebel des Gewordenen dringt, von ihm befreit und schöpferisch wirkt. Es durchdringt und zerreißt ohne Schonung, was unwahr ist. So wie die Kraft kommt auch dieses Licht aus einer anderen Dimension wie aus einer Quelle, die ihren Ursprung in großer Ferne hat. Aber dank der Durchlässigkeit des Meisters kann sie durch ihn hindurch in die Welt fließen.

In Gegenwart des Meisters kommt die Wahrheit an den Tag. Fragen beantworten sich von selbst, ehe man sie ausgesprochen. Unklarheiten entschwinden, Fassaden stürzen ein.

Im Licht des Meisters manifestiert sich und wirkt das innewohnende Gesetz. Es wirkt als Erkenntnis und als Gewissen. In der Strahlung des Meisters gewinnt die dem Wesen gemäße Form ihren Umriß. Das Unechte wird gespürt und ist nicht zu halten. Die wahre Form tritt hervor.

Die Strahlung des Meisters ist hart und ist streng, und doch ist sie voller Wärme. Sie läßt im anderen die Einheit mit seinem Wesen spüren und löst wesenlose Bindungen auf. Die Liebe des Meisters meint die Einheit mit dem Überweltlichen und macht von weltlichen Bindungen frei. Das eben ist die Anziehungskraft, die für den Berufenen von der Strahlung des Meisters ausgeht, daß sie nicht nur lösend und beglückend ist, sondern auch gefährlich und spannend. Sie ist wie ein heilsames Stahlbad. Das eben ist die Liebe des Meisters, daß sie vernichtet um des Segens willen.

So wirkt der Meister als Kraft, als Licht und als Liebe ohne Tun einfach aus jener Strahlung heraus, die immer anzeigt, daß ein Mensch vom Sein ergriffen und durchwirkt ist.

4. Das Beispiel

Der Meister verletzt, wenn es sein muß, das Lebensgefüge einer Gemeinschaft, aber nicht das Gesetz ihres Lebens. Aber er muß, um diesem zu dienen, bisweilen die wohlgefügte Ordnung aufstören. Der Meister ist daher kein Vorbild des guten Menschen, kein Beispiel für den braven Bürger, das er nachahmen könnte oder sollte.

Der Meister ist immer ein Original, das man weder nachmachen kann noch nachmachen soll. Er ist immer eine originelle, das heißt einmalige, individuelle Weise, das menschlichuniversal Gültige in einer individuellen Gestalt zu bezeugen.

Das für den Menschen universal gültige Gesetz kann von jedem nur in seiner individuellen Weise erfüllt werden. Ein östlicher Meister, nach einem Gespräch gefragt, wieso er sich solange bei der Individualität aufhalten könne, wo doch für ihn nur das All-Eine Wirklichkeit und Gültigkeit hätte, antwortete ohne Zaudern: »Das All-Eine und die Individualität sind doch dasselbe!« Jedes besondere Wesen kann das All-Eine nur in seiner besonderen Weise darstellen. Das Göttliche kann der Mensch nur erfahren, wenn er sich selbst nicht ausschließt, sondern sich in seiner eigenen Weise voll annimmt.

Lebensgemäß wirkt ein Meister nur, wo er den Schüler zu sich selbst bringt, das Original in ihm herausbringt. Das ist der Unterschied zwischen einem echten Meister, der den Schüler bis in die Sprache hinein eigenständig macht und den Pseudo-Meistern, die meist verlangen, sie nachzuahmen und ihre Schüler durch den Zwang zu einer bestimmten Sprache sterilisieren.

Der Meister repräsentiert für den Schüler die gesuchte, ersehnte seinsollende Wirklichkeit in Menschengestalt. Er verkörpert sie in dem, was er sagt und in dem, wie er sich verhält, und mehr noch einfach durch seine Weise zu sein. Aber der Blick auf das Vorbild ist nur dann richtig, wenn er den inneren Meister und durch diesen hindurch das Eigene weckt.

Oft hat sich die große Wende im Leben des Schülers durch die erste Begegnung mit seinem Meister ergeben. In dieser Begegnung ging »Es« dem Schüler erstmalig und im weiteren dann mehr und mehr »auf«. In der Begegnung mit dem Meister hat es gezündet, und im Zusammensein mit ihm wird die Flamme immer weiter genährt.

Die Fruchtbarkeit des Verhältnisses zum Meister erscheint in der Nachwirkung jeder Begegnung. Diese kann noch so überraschend, niederschmetternd, gefährlich sein – hernach ist es dem Schüler ganz frei ums Herz.

Der Meister als Beispiel und Vorbild ist am besten sichtbar dort, wo sein Medium eine Kunst ist. Dann kann er es besser als jeder andere. Er muß es unfehlbar können. Aber wenn es der Meister ist auf dem Wege zum WEG und also seine Kunst Exerzitium zum WEG ist, liegt seine Beispielhaftigkeit in der Leistung nicht am Können, sondern an den menschlichen Voraussetzungen der Leistung, ja letztlich an jenem übermenschlichen Faktor, der die Meisterleistung ohne Zutun vollbringt, und der auch für andere fühlbar wird, die sie sehen.

Daß es letztlich das Überweltliche ist, das, wenn der Meister am Werk ist, aus ihm spricht, wird dort deutlich, wo er aus körperlicher Schwäche kaum noch in der Lage ist, sein »Können« unter Beweis zu stellen. Dann kann es geschehen, daß allein seine Weise, ans Werk zu gehen und sein Instrument in die Hand zu nehmen (z. B. den Bogen, den er kaum noch spannen kann) genügt, – der Funke springt auf die Umstehenden über, auch wenn der Pfeil das Ziel gar nicht erreicht.

Der Meister einer Kunst ist dazu in der Lage, seine vom Ich völlig gereinigte Technik einer tieferen Kraft zur Verfügung zu stellen, und diese für ihn handeln zu lassen. Das, was bei der Leistung herauskommt, ist nicht mit gewöhnlichen Maßen zu messen, denn das, worauf es ankommt, ist mehr als die sichtbare Leistung, es ist das Offenbarwerden einer anderen Dimension. Diese erscheint dort, wo die Meisterschaft, die der Schüler sucht, gewonnen wurde, in fünferlei Weise:

In der Grundhaltung dessen, der die Leistung vollbringt.
In der Vollendung der Leistung.
In der Kraft, die in der Leistung erscheint.
In dem, was der Übende selbst innerlich erfährt.
In der numinosen Wirkung auf die, die Zeuge der Leistung sind.

Der Meister vollbringt die Leistung, nicht weil er mehr kann als der Schüler, sondern weil er mehr ist und ihm von dorther das, was er kann, angstlos, ichlos, absichtslos zur Verfügung steht. Und darum, nicht weil er mehr kann, ist er auf dem initiatischen Weg für den Schüler das Beispiel. Der Meister bekundet nicht nur in seiner besonderen Leistung, sondern in all seinem Tun, ja einfach schon in seiner Weise, da zu sein, die Transparenz für Transzendenz. Ihr Hindurchtönen durch seine leibhaftige Erscheinung macht seine Meisterperson aus.

Der Meister ist Beispiel kraft seiner Durchlässigkeit für sein Wesen. In allem, was er sagt oder tut, ist er ganz einfach er selbst. Er gibt sich so, wie er ist, unbehindert und ohne kontrollierende Instanzen eines konventionellen Ichs. So ist der Meister auch jenseits der Tugenden.

Sagt man von einem Meister, er sei gut, voller Hingebung, sich aufopfernd, sanftmütig und liebevoll oder aber im Gegenteil höchst egozentrisch, eigenwillig, unduldsam, unnahbar, hart und bisweilen grausam, so mögen solche Äußerungen stimmen oder auch nicht. In jedem Falle haben sie mit dem, was er als Meister ist und ihn zum Meister macht, nichts zu tun. Der Meister lebt sich dar, so wie das LEBEN in ihm zur Gestalt wird, von diesem geprägt, durchformt und geladen und schert sich nicht um die Wirkung. Er hat die Maßstäbe des gemeinschaftsverbundenen Welt-Ichs überschritten und, nur noch dem LEBEN verpflichtet, gibt er sich unbekümmert darum, wie es auf andere wirkt und mit dem Verhaltensgesetz seiner Gemeinschaft übereinstimmt oder nicht. Die innere Wahrheit reizt ihn, die schönen Fassaden, die ihn umgeben, zu zerschlagen. Hier aber liegt auch die Versuchung für den falschen Meister.

Quod licet jovi, non licet bovi. Bis zu den Allüren gewisser Heilpraktiker und kleiner Magier herab, gibt es die Verfälschung von Meistergebärden in Gestalt von übertriebenen Forderungen, gierigen Ansprüchen, anstößigen Gesten, die im Mantel eines Meisterprivilegiums, dem sich der Schüler zu unterwerfen hat, den wirklichen Meister nachäffen. So dort, wo ein falscher Meister fordert, ihm alles Geld zu opfern, ihm sexuell zu gehören, ihn in der Welt zu verwöhnen, große Ehrerbietung zu zeigen u.s.w. Es gibt den falschen Meister in Gestalt des kleinen Imitators, aber auch in Gestalt eines gefährlichen Widersachers mit meisterlichen Gaben. Es gibt ihn als den Vertreter dunkler Mächte. Er hat Fühlung mit transzendenten Gewalten, mit überweltlichen Kräften, die er in sich selbst zu mobilisieren vermag und dadurch Ungewöhnliches vollbringt. Was hier ein Meister zu sein scheint, ist in Wahrheit ein Mensch mit einem unbereinigten Grund, der die Fühlung mit der anderen Dimension in den Dienst seines gewöhnlichen Ich stellt und magisch mißbraucht. Er nutzt seine Anziehungskraft dazu, seinen Anhängern die Eigenständigkeit zu rauben und sie zu blindem Gehorsam zu binden. Seine unbestreitbare Mächtigkeit dient seinem Ich, das sich an die Stelle des Göttlichen setzt und wie ein Halbgott verehren läßt. Das Ganze ist dann nicht Gottes, sondern des Teufels.

Der wahre Meister verfügt über höhere Kräfte und übersinnliche Fähigkeiten, aber er verbirgt sie mehr, als er sie zeigt. Er brüstet sich nicht mit ihnen, sondern stellt sie in den Dienst des Absoluten. Er wirkt als Verkörperung des LEBENS auch Wunder. Aber jenseits von dem, was der Mensch als gut und böse empfindet, wirkt er in seiner Weltüberlegenheit auch immer schöpferisch, erlösend, verwandelnd.

5. Der Schock

Dem Leben gegenüber offen zu sein, setzt die Freiheit von allen Ordnungen voraus, die es festlegen. Das Leben ist immer im Übergang. Es duldet das Feststehende nicht. Es ist immer überraschend. So auch der Meister. Man weiß nie, was von ihm kommt. Das Tor zu der Wirklichkeit, die der Meister meint, ist eine schmale Pforte. Wenn wir sie durchschreiten wollen, müssen wir alles zurücklassen, was uns in unserem gewöhnlichen Leben aufrecht erhält. Alles, was uns stützt und Sicherheit gibt, alles, worin wir uns auskennen und was uns Boden bedeutet. All dies stellt der Meister in Frage, alles, worin wir uns im natürlichen Leben »halten«. Jedes Mittel ist ihm dazu recht, »das Ich und seine Ordnungen aus den Angeln zu heben und damit dem Menschen den Boden, der ihn nicht auf den wahren Grund kommen läßt, unter den Füßen wegzuziehen. Was feststeht, muß umgeworfen werden. Worauf man glaubt, Anspruch zu haben, wird abgelehnt. Woran man klebt, wird einem entrissen. Worauf man sich etwas einbildet, wird lächerlich gemacht. Was man zu sein meint, wird entlarvt. Was man zu wissen glaubt, wird ad absurdum geführt. Und dazu ist dem Meister jedes, aber auch jedes Mittel recht. Und nur, wenn man den hohen Zweck kennt, der jedes Mittel rechtfertigt, kann man den Sinn der sonst unverständlichen Äußerungen und Handlungen des Meisters verstehen. Da ist die sinnlose Antwort, der unvorhergesehene Angriff, der wohlgezielte Schlag, der Schock, der Faustschlag ins Gesicht, die Ohrfeige, die Kränkung, das höhnische Lachen, der erschreckende Schrei, immer das vom Ich Unannehmbare, das angenommen werden muß, das völlig Unerwartete, das geschluckt werden muß, das uns umwirft, indem es alles zum Einstürzen bringt, was uns in der gewöhnlichen Ordnung unseres Selbst- und Welt-Bewußtseins trägt, hebt und birgt. Gerade im Sturz kann dem Suchenden dann einmal die jenseits dieser Ordnung liegende Wahrheit aufgehen, in der er erkennt, daß das Fest-Stehende und Fest-Stellbare, das sich ihm vorher allein als Wirklichkeit vorstellte und ihm seinen festen Stand gab, nichts als der bloße Gegen-Stand seines Ich-Standes ist, der ihm, weil er durch seinen feststellenden Ver-Stand festgelegt war, das nie Feststellbare verstellte. Wenn der Boden, auf dem wir in unserer natürlichen Bewußtseinsform und seinen Ordnungen stehen, der ist, der uns den Erfahrungen des Seins gegenüber verstellt, so muß es das erste Anliegen des Meisters sein, der den Schüler zu den Erfahrungen des Seins bringen will, ihm diesen Boden, mit welchen Mitteln auch immer, unter den Füßen wegzuziehen. Darum ist die Weise der Meister, zu handeln, oft wie ein Blitz aus heiterem Himmel, ihre Sprache das Paradox, ihre Logik der Widersinn, ihre Zärtlichkeit der Schock.«*

---

* Vgl. Dürckheim »Zen und Wir« a. a. O.

IV. DAS LEBEN UND DER MENSCH

Das Verhältnis zwischen dem Menschen und Gott wird in der Regel so dargestellt, daß der Mensch in Gott den Allmächtigen erkennt, dem er Gehorsam schuldig ist, den er in der Not anrufen, und durch den allein er letztlich sein Glück, seine Sicherheit und seinen Frieden finden kann. Der Mensch bedarf Gottes. Er bedarf seiner, um nicht verzweifeln zu müssen, die Grausamkeit der Welt aushalten und letztlich seine Todesangst und seine Lebensangst überwinden zu können.

Gott ist die vom Menschen unabhängige Macht, die ihn beherrscht, beschenkt oder vernichtet, die Macht, die sich dem Menschen bald zeigt, bald verbirgt, zu ihm spricht oder auch schweigt. Der Mensch ist von Gott abhängig. Doch das Verhältnis des Menschen zu Gott nur so zu sehen, entspricht einer bestimmten Stufe des Menschseins. Es ist die Stufe, auf der der Mensch alles, was den Horizont seiner natürlichen Erfahrung und seines begreifenden Welt-Ichs überschreitet, nach außen verlegt, in eine jenseitige Transzendenz, die lichte und auch dunkle Seiten, aber jedenfalls uneingeschränkte Macht über ihn hat. Diese Auffassung ändert sich, wenn der Mensch in besonderer Erfahrung erkennt, daß keineswegs alles, was seinen gewöhnlichen Horizont übersteigt, »außer ihm« sein muß, sondern daß es eine Wirklichkeit gibt, die zwar seinen natürlichen Horizont transzendiert, ihm aber immanent ist, ja, seinen eigentlichen Kern, sein Wesen, ausmacht. Mit dieser Erkenntnis öffnet sich der Weg zu einer anderen Auffassung des Verhältnisses zwischen dem Menschen und dem göttlichen Sein.

Begreift der Mensch als Transzendenz das göttliche Sein, das, in seinem eigenen Wesen am Werk, sich in ihm und durch ihn offenbaren möchte, dann muß sich die Vorstellung von der einseitigen Abhängigkeit des Menschen von Gott ändern, denn dann erscheint nicht nur der Mensch abhängig von Gott, sondern göttliches Wirken auch abhängig vom Menschen und seiner Bereitschaft, es in ihm und durch ihn wirken zu *lassen.* Die Wendung kann in dem Augenblick beginnen, in dem der Mensch sich selbst als Widerstand gegen das erfährt und erkennt, was er selbst im Wesen ist und aus dem Wesen heraus werden möchte. Diese Einsicht hat, wo sie nicht nur gedacht, sondern gespürt wird, etwas Umwerfendes, – daß er, der kleine Mensch, dem LEBEN im Wege stehen kann!

Der Mensch kann ja auch einmal entdecken, daß nicht er es ist, der atmet, sondern daß er vom Leben geatmet wird, aber diesen Atem meist nicht recht zuläßt, ja mehr noch: daß eingefleischte Widerstände, für die er mit verantwortlich ist, den Fluß des Atems behindern können. Ebenso kann der Mensch auch einmal erkennen, daß die Auszeugung der Gestalt, die sein Wesen in ihm gewinnen möchte, von ihm selbst verhindert wird.

Wie tief der Eindruck ist, den solche Erkenntnis auf einen Menschen macht, und wie verbindlich die Verpflichtung empfunden wird, die daraus erwächst, hängt davon ab, wie weit er in einer echten Seinsfühlung schon einmal das LEBEN erfahren hat, das als Urgrund und Sinn allem Werdenden und Existierenden zugrunde liegt. Nur wo die Erkenntnis, daß er das LEBEN verhindern kann, sich in ihm und seiner Welt zu manifestieren, existentieller Natur ist, erzeugt sie in ihm die fruchtbare Erschütterung. Sie muß den Menschen getroffen haben wie ein Blitz, dann kann sie die Geburt eines neuen Gewissens bedeuten.

Zunächst klingt es ungeheuerlich, und doch ist es so: Wie weit es dem LEBEN gelingt, sich in seinen transzendentalen Potentialen in der Menschenwelt durchzusetzen, hängt vom Menschen ab, so daß man sagen darf: Nicht nur bedarf der Mensch Gottes, sondern Gott auch des Menschen. Der Mensch muß für ihn bereit sein. Nicht nur sucht der Mensch Gott, sondern Gott sucht auch den Menschen, und der Mensch muß sich finden lassen. Nicht nur erfüllt sich menschliches Leben, wo es im Überweltlichen mündet, sondern das überweltliche Sein kommt zu seiner Erfüllung in der Menschenwelt erst, wo der Mensch es in sich aufnimmt, das heißt zuläßt, daß sein überweltliches Wesen »Fleisch« wird.

So wie in der Blume ein unbedingtes Bild sich auszeugen und Gestalt gewinnen möchte in der Welt der Bedingungen (Erde, Wasser, Licht), so auch im Menschen. So wie der Gärtner das in einer Knospe lebendige Bild nicht ändern kann, aber verantwortlich ist für die Bedingungen, unter denen ihr Wesen zur Gestalt aufblühen kann, so auch der Mensch für das in seinem Wesen lebendige Bild. Nur mit dem Unterschied, daß anders als bei der Blume beim Menschen die Gestaltwerdung nicht nur durch äußere Faktoren gefährdet oder gefördert wird. Die Blume ist nicht schuld an einer Deformation, wohl aber, insofern bei ihm nicht nur äußere, sondern auch innere Faktoren an der Gestaltwerdung beteiligt sind, der Mensch. Der Mensch kann nur zum Teil äußere Bedingungen dafür verantwortlich machen, daß er nicht der wird, der in ihm angelegt ist. Er kann nicht den Umständen oder den Umstehenden die ganze Schuld zuschieben, wenn er den Forderungen seines Wesens, das heißt der Weise, in der LEBEN in ihm Gestalt gewinnen möchte, nicht entspricht. Er ist mitverantwortlich für das Maß und die Weise, in der das ihm innewohnende Bild in dieser Welt Wirklichkeit gewinnen kann. Und das Faktum und das Maß dieser Verantwortung hört er, *wenn* er zum Wesen erwacht, aus der »inneren Stimme«, der Stimme des LEBENS d. h. des Meisters in ihm.

In allem Leben kehrt ein Urgeschehen wieder. Ungeschiedene Fülle des Seins differenziert sich, gerät in polare Spannung, bricht auseinander und tritt, sich selbst offenbarend, in selbständig werdenden Gliedern aus sich heraus, sich selbst gegenüber – ohne daß zunächst die Einheit vollends verloren wäre. Je mehr aber die Glieder des Ganzen zu etwas Eigenem werden, droht ihnen die Gefahr, sich von ihrer Wurzel zu lösen, sich in sich zu schließen, sich auf sich selbst zu stellen und die Urverbundenheit mit dem Sein zu verlieren. Dieser Gefahr mehr oder weniger zum Opfer zu fallen, ist das Urschicksal des Menschen. Sie geschieht als Ursonderung im Augenblick der Geburt des eigenwilligen Ichs und kraft des rationalen

Bewußtseins, darin der Mensch sich wie auch seine Welt im theoretischen Unterscheiden und praktischen »Feststellen« bildet. Dies führt schließlich zur Zerreißprobe für die Verbundenheit mit dem Sein. Die Einheit mit dem Sein, die der Mensch in seinem Wesen niemals verliert, geht ihm in diesem Bewußtsein verloren. Sich dem, was er durch dieses Bewußtsein verstellt, aber im Wesen doch bleibt, in einem neuen Bewußtsein zu öffnen, das ist die ewige Aufgabe, zu deren Lösung auf dem Wege der Mensch des Meisters bedarf.

Die ursprüngliche Verwobenheit mit dem Sein bedeutet aber auch die umgekehrte Gefahr: daß der Mensch, der zur Eigenständigkeit bestimmt ist, nicht aus der Ureins herauskommt. Das Sein als die Große Mutter läßt ihn nicht los. So steht der Mensch immer in dieser doppelten Spannung: zwischen einem Drang in die Freiheit unverbundener Eigenständigkeit und dem Zug zurück in das mütterlich-bergende Sein. Um ein Mensch zu werden, muß er sich von der ihn mütterlich umfangenden und immer wieder zurückrufenden Ur-Ganzheit lösen. Um aber ein Mensch zu bleiben, darf er doch die Verbindung mit dem nährenden Muttergrund nie ganz verlieren. Dies ist ein Ur-Thema menschlichen Werdens, das sich auf allen Stufen seiner Entwicklung neu stellt. Je höher die Stufe, desto größer die Spannung, aber auch die Notwendigkeit der Integration von mütterlichem »Grund« und männlicher Eigenständigkeit, von Eigenständigkeit im Welt-Ich und Verwurzelung im Wesen. Der zum WEG Berufene bedarf hier des führenden Begleiters.

Alles Lebendige lebt nur vom Werden. Das jeweils Gewordene ist für das Werdende Voraussetzung und Widerstand zugleich. Alles, was geworden ist und feststeht, widerspricht dem immer werdenden Leben. Es ist aber das Schicksal des Menschen, diesen Widerspruch in sich erzeugen und durchleben zu müssen. Er muß darunter leiden, um hellhörig zu werden für das Sein, und es zu entdecken. Menschliches Bewußtsein, das sich als Ich-Welt-Bewußtsein entwickelt, hält sich immer zwischen zwei feststehenden Polen: dem in sich stehenden Ich und der für sein Erkennen feststehenden Welt. Nur im Leiden an seiner statisch verhärteten Welt-Wirklichkeit kann der Mensch zum Bewußtsein seiner dynamischen Wesenswirklichkeit gelangen und zur Entdeckung des ihm zugedachten Weges. So auch kann er zur Erfüllung seines Auftrages nur über das Leiden an einer sich absolut setzenden, das Sein verdrängenden Welt-Ich-Welt zu der das Sein offenbarenden Wesens-Selbst-Welt gelangen. Das Erwachen zur Erkenntnis, daß das für das Ich so selbstverständliche Verlangen, das Leben auf »Feststehendes« zu gründen, der Wahrheit des Lebens, das niemals und nirgendwo feststeht, auch widerspricht, ist der erste Schritt auf dem Weg zur Vollreife des Menschseins. Das Erwachen zu dieser Erkenntnis ist kein nur theoretisches Einsehen, das problemlos beglückt. Es ist ein existentielles Erwachen, ein wachrüttelnder Schock! Die an statischen Ordnungen sich bildende und bewahrende Welt des gegenständlichen Bewußtseins muß plötzlich hinter der befreienden und immer verpflichtenden Verwandlungswirklichkeit des Wesens zurücktreten. Nur dann wird diese Erkenntnis zu einer Schwelle zum initiatischen Weg. Dieser aber mündet für uns nicht im ich- und gegenstandslosen überweltlichen Sein — sondern wiederum in der raumzeitlichen Welt in einem *Selbst*-Sein, darin das Wesen im Gewand eines weltkräftigen Ich erscheint, das fähig ist, in seiner Welt vom Überweltlichen zu zeugen. Dann ist der Mensch auf dem Weg, selbst Meister zu werden.

Erst von einer bestimmten Stufe an ist der Mensch in der Lage, wirklich verantwortlich mitzuarbeiten an der Manifestation des in ihm wesenden Großen Lebens. Er kann es erst von dem Augenblick an, in dem er die Gefahr erkennt, in der er sich durch die Gegensätzlichkeit zwischen seinem weltbedingten Ich und seinem unbedingten Wesen befindet. Und sie muß ihm in einer besonderen Erfahrung aufgegangen sein. Die Gefahr kann er nur spüren, wenn ihm das Gefährdete selbst als Potential aufgegangen ist, das ihm zur Verwirklichung aufgegebene wahre *Selbst*. Er muß den Anspruch seines Wesens, weltliche Gestalt zu werden, erlebt und angenommen haben. Erst wenn ihm der unabweisliche und seinem Ichanspruch überlegene Anspruch dieses Wesens als Verheißung und Auftrag deutlich und zur weltgemäßen Verwirklichung im wahren Selbst zur Verpflichtung geworden ist und er erkannt hat, daß er an ihrer Erfüllung mitwirken darf, kann und muß, erst dann steht er vor der eigentlichen Entscheidung seines Lebens: Er hat zu wählen zwischen seinem eigenwilligen Leben im Dienst der Welt oder aber durch diesen hindurch und über ihn hinaus einem Leben im Dienst des großen LEBENS. Diese Möglichkeit kann er nur erfüllen auf dem initiatischen Weg echter Individuation. Diesen Weg zu gehen, vermag der Mensch nicht allein. Er bedarf der Führung!

Je mehr der Mensch zu dem seiner selbst und seiner Welt bewußten Ich wird, um so mehr ist er mit im Spiel in der Weise, wie weit und in welcher Form das LEBEN in ihm offenbar werden kann oder nicht, das heißt eine Gestalt zeugen, die in ihrer Weise die Fülle, Gesetzlichkeit und Einheit des Seins offenbart.

Wo der Mensch dem Drang des LEBENS zu seiner individuellen Gestalt nachgeben kann, da erfährt er es als eine befreiende Kraft. Wo er ihm widerstrebt, erfährt er es als eine seine eigenwillige Form zerstörende Macht. Ob der Mensch in seiner Weise »Gutes« will oder »Böses« tut, ist hier das Maßgebende nicht – sondern allein, ob er sich eigenwillig festhält oder nachgibt zur Gestaltwerdung seines Wesens.

Groß ist das Leiden eines Menschen, der in verhärteter Form sich dem Werdedrang des LEBENS widersetzt. Je mehr er bereits die Stufe hat, den Willen des Seins zu vernehmen, aber es nicht vermag, sich hineinzugeben und zu gehorchen, alles loszulassen und Platz zu machen für die in ihm ihre Gestalt suchende Welle des Seins, um so furchtbarer ist die Qual, die sein eigenwilliges Ich ihm bereitet. Und die Leiden werden schlimmer noch, wo er den immer neuen Ansturm des Seins nicht versteht und glaubt, heroisch einen Druck ertragen zu müssen, den er ja selbst erzeugt, und er nicht spürt, daß es ja gerade seine heroische oder auch leidenswillige Haltung ist, die immer neues Leiden erzeugt. Da gibt es nur die völlige Umkehr, die aus der Erkenntnis kommen kann, daß er dem

LEBEN im Wege steht, das seiner Einwilligung und Mitwirkung bedarf, um in der ihm zugedachten Gestalt hervorkommen zu können.

Zu welchen Farben, Tönen, Bildern und Formen kosmische »Wellen« und »Strahlen« werden, das hängt von dem Medium ab, auf das sie treffen und das sie partiell und in dieser oder jener Weise zuläßt oder abwehrt. So sind es auch immer die Antworten des Menschen auf den Anruf des Seins, aus denen sich sein Schicksal ergibt. Das Gewicht dieser Erkenntnis wird erst auf einer Stufe deutlich, auf der der Mensch das LEBEN in besonderen Qualitäten erlebt hat. LEBEN, das im Menschen und durch ihn hindurch hervorkommen will in der Welt, muß mehr sein als ein Begriff. Es muß ihn zuinnerst ergreifendes und von ihm ergriffenes Leben als qualitative Erfahrung sein.

Je stärker, der fälligen Stufe entsprechend, der Druck des in die Erscheinung drängenden Seins ist, um so mehr wird es für die Form, in der der Mensch sich gesetzt hat, zur sprengenden Gewalt. Dann empfindet der Mensch sein Wesen als zerstörende Macht. Das wird es nur, wo er ohne Rest mit seiner derzeitigen, der Welt gemäßen Persönlichkeits-Form identifiziert ist und die Stimme des Meisters nicht hört. Der gute Mensch kann ebenso seinstaub sein wie der böse. Oft glaubt dann der gute Mensch sich von dunklen Mächten umstellt. In Wahrheit ist er es, der das in ihm ans Licht drängende Wesen zu einer ihm feindlichen Macht werden läßt. So edel und gut auch die Form sei, in der ein Mensch sich gefunden, um seiner *Werde*-Formel willen muß er sie lassen.

Nur auf einer bestimmten Stufe ist die Wertwelt des Wahren, Schönen und Guten das Erscheinungsfeld des Seins im menschlichen Dasein. Nur solange diese Werte der Schimmer des Göttlichen umgibt, und der Begriff der Ehre noch lebendig ist und anzeigt, daß der Mensch um der Treue zu diesen Werten willen bereit ist, sein Leben zu geben und also in der Demut seiner Weise, in ihr zu stehen, sich im großen Dienst weiß, nur solange sind sie das Medium, durch das das göttliche Sein in die Menschenwelt eindringt. Sobald aber der

Bezug zu diesen Werten feste Lebensordnungen, Begriffsgefüge und Lebensstützen erzeugt, in denen der Mensch sich in naiver Weise festsetzt und selbstgerecht wird, ist LEBEN oft gerade durch eine eingefleischte Wertordnung am Hervorkommen verhindert. Und verwundert fragt sich dann der »Gute«, der doch immer das beste getan hat, warum denn Gott ihn verfolge, – ganz einfach, weil das göttliche Leben nicht mehr durch die schöne Fassade, die wohlgefügte Ordnung und durch den Wall seiner Tugenden hindurch kann. Er hat selbst in seiner prächtigen Ordnung das LEBEN zu einer ihn zerstörenden Kraft gemacht.

Der Meister in uns erwacht – das bedeutet: es dämmert dem Menschen, daß alles, aber auch wirklich alles, was er macht, nur soweit vom LEBEN angenommen wird, als es sein Offenbarwerdenwollen zuläßt. Wo das nicht geschieht, begehrt es auf. Wo der Mensch ihm gemäß ist, vernimmt er die Zustimmung, und wo er zweifelt, die innere Weisung.

Der Mensch ist, weil er ein Mensch ist, auf den Dialog gestellt, auf das Hinhorchen und Antworten, auf das Fragen und Antwort-Erhalten. Sich in ständiger Zwiesprache mit allem zu erfahren, was er sieht oder hört, begegnet und wahrnimmt, fürchtet oder sucht, das ist ein konstitutiver Faktor des menschlichen Bewußtseins. Der Mensch erfährt im unmittelbaren Erleben alles physiognomisch als eine ihn »angehende« Gestalt eines »Wesens«, das ihn anspricht und in bestimmter Weise anmutet, ihn anzieht oder abstößt, ihn einläßt oder angreift etc. Er personifiziert, er kann es gar nicht anders, alle ihm begegnenden Kräfte und Mächte. Alle Wirklichkeit der Welt, in der er lebt, die innere wie die äußere, präsentiert sich ihm als eine Wirklichkeit von freundlichen oder feindlichen Wesen. So nimmt er ganz natürlicher Weise auch das alles übergreifende, alldurchdringende LEBEN wahr als ein unbegreifliches Wesen, ein geheimnisvoll unergründliches *Du*. Je mehr sich aber das gegenständliche Bewußtsein, das alles Erlebte entseelt, absolut setzt, um so größer die Gefahr, daß er das unfaßbare Du seines Erlebens, das LEBEN, dessen »Kind«

er ist und mit dem er sich in einer ursprünglichen Kommunikation befindet, zu einer in objektiven Eigenschaften begreifbaren Gestalt werden läßt, die dann notwendigerweise, je mehr sie aus der ursprünglichen Begegnungswirklichkeit herausrückt, für den nun herrschenden Verstand fragwürdig wird und sich schließlich auflöst. Erst wenn der weiterreifende Mensch die Grenzen wieder überschreitet, in die sein gegenständliches Bewußtsein sein unmittelbares Erleben einfängt und einsperrt und er wieder empfänglich wird für den Wirklichkeitsgehalt numinoser Qualitäten und überweltlicher Anrufe, hat er die Chance, dem unendlichen und unergründlichen SEIN wieder als dem ihm vom Ursprung her verbundenen großen *Du* zu begegnen, seinen Segen zu empfangen und seine Weisungen zu hören.

Wie weit ein Mensch als das zu einem Ich gewordene Bewußtseinswesen noch seiner Zugehörigkeit zum Sein entspricht, oder wie weit er sich als eigenständiges Ich aus dem Sein heraus gestellt hat, das wird an der Weise deutlich, in der das Numinose ihn trifft. Im Ichgehäuse abgeschirmt und gefangen, ist er ihm verschlossen. Erst wo er im sich neu erweiternden Bewußtsein seine Welt-Ich-Welt wieder überschreitet, kann er im Wesen wieder dem LEBEN begegnen, und dann erfährt er im Ja und Nein seiner Eingriffe, seiner Weisungen und Mahnungen »sich selbst« einerseits als seinen Meister und zum anderen »sich selbst« als seinen ewigen Schüler. Erst wenn der Mensch sich im Wesen selbst als das LEBEN begreift, wird er als der zugleich »Eigenständige« sich seines Amtes als Diener des LEBENS bewußt und begreift sich als Mensch zugleich als Herrn der Welt, zu dem er in seinem überzeitlichen Ursprung bestimmt ist.

V. DER WEG

Der Ruf nach dem Meister sucht den, der den Weg führt. Was für ein Weg ist gemeint? Es ist der Weg, der das Tor zum Geheimen öffnet, der initiatische Weg. Das Geheime, das ist das in unserem Leben und Dasein verborgene LEBEN und SEIN. Der initiatische Weg kreist um die Erfahrung des Seins und um das Streben nach Einswerdung mit dem Sein. Das hat er mit der Mystik gemein. Wie beim Mystiker ist die Seinserfahrung ein Geschenk der Gnade, das der Mensch empfängt. Man kann sie nicht machen. Aber auf dem initiatischen Wege ist der Schüler doch dauernd aktiv und unter der Führung des Meisters damit befaßt, sich zu dieser Erfahrung zu bilden. Er arbeitet ohne Unterlaß daran, sich zu einer neuen Stufe des Menschseins zu verwandeln zu einem Menschen, dessen Verbindung mit dem Absoluten nicht auf Glauben beruht, sondern auf einer sich stetig vertiefenden, den ganzen Menschen durchdringenden Präsenz der Transzendenz. Auf dem initiatischen Weg sucht der Mensch eine andere Struktur, die bis in die kleinsten Bewegungen hinein auf Transparenz für Transzendenz gestimmt ist. So gewiß das Erleben des Göttlichen auch für ihn jeweils ein Geschenk der Gnade bleibt – auf dem initiatischen Weg arbeitet der Mensch doch an einer Verfassung, die ihn in einer Verwandlungsbewegung hält, die als solche schon vom Einswerden mit dem Großen Leben zeugt.

Der Mensch, der auf dem Wege fortschreitet, erfährt sich bei aller Unvollkommenheit nicht nur mehr und mehr in einer vertieften Verbundenheit mit dem Göttlichen, sondern er wird mehr und mehr vom Überweltlichen her und auf das Überweltliche hin geprägt. Eben darum tritt bei ihm das »ungöttlich Bleibende« immer schmerzlicher ins Bewußtsein, und fortschreitend auf dem Wege wächst er in der Demut.

Auf dem initiatischen Weg befindet sich der Mensch in Führung. Er steht in einer jahrtausende alten Tradition. Er hat einen Meister, der sie verkörpert und ihm den Weg der Verwandlung weist, der durch das ewige »Stirb und Werde« gekennzeichnet ist. Es verlangt der initiatische Weg ein immer neues Hindurchgehen durch einen Tod. Immer aufs neue müssen die sich wieder und wieder bildenden Wälle durchstoßen und Schleier zerrissen werden und im Kampf mit dem Widersacher die Gliedschaft im neuen Reich wiedergewonnen werden.

Der WEG meint den immer neuen Durchbruch zum Wesen, der den Menschen befähigt, immer wieder die Fassaden fallen zu lassen, in denen sein Welt-Ich sich spiegelt und sich aufrecht erhält in den Rollen, die es in der Welt spielen muß.

Nur wo der Mensch ohne Rest preisgibt, was bei ihm von der Welt her bedingt ist, kann ihn das Absolute beschenken. Es ist ganz natürlich, daß der Mensch sein Ungenügen vor den anderen Menschen verbirgt, aber erst, wenn er es einmal vermochte, sich unverhüllt und bloß sehen zu lassen, kann bei ihm ungehemmt der in die Erscheinung treten, der er eigentlich ist. Zum Weg gehört der Mut zur Nacktheit.

Der Weg ist die Weise, in der der Mensch im Annehmen der Leiden an seiner Endlichkeit den ihr innewohnenden Unendlichkeitsfunken zu immer neuem Erglühen bringt, sich in ihm in der Werdeformel seines Wesens erkennt und aus ihm heraus zu leben beginnt.

Der Weg, das ist der Prozeß, in dem das LEBEN, das der Mensch in seinem Wesen ursprünglich und jenseits aller Zeit ist, im Menschen raumzeitliches Bewußtsein gewinnt und geschichtliche Gestalt wird. Der Weg ist die Weise, in der das LEBEN in der immer individuellen Weise eines Wesens stufenweise offenbar wird in einem Menschen – in seinem Bewußtsein, seiner Gestalt und seinem Verhalten in der Welt.

Der Weg ist die Weise, in der LEBEN wieder aus der Verborgenheit heraustritt, in die es im Mensch-Sein gerät. Es gerät in Verborgenheit, zwangsläufig mit der Entwicklung eines Bewußtseins, das das Unbedingte im Bedingten einzufangen, das Unbegreifbare in Begriffe zu fassen sucht und der Dynamik des LEBENS eine statische Wirklichkeit entgegenstellt. In ihrem Zentrum steht das Ich, das als Schöpfer, Träger und Hüter fester Ordnungen und dauerhafter Gebilde, ohne die der Mensch nicht leben kann, doch zugleich das LEBEN verhindert, in seiner überweltlichen Fülle, Verwandlungsgesetzlichkeit und Einheit offenbar zu werden in der Welt.

Der Weg meint den Prozeß, auf dem der dem Sein entfremdete Mensch sich Schritt für Schritt zu seinem Ursprung zurück- und zugleich zur bewußten Manifestation des in ihm verkörperten Seins hinfindet.

Der Sinn des Weges ist die Wiedereinswerdung des in seiner Welt verlorenen Menschen mit dem überweltlichen Sein. Das ist der Weg, der des Meisters bedarf und den Schüler voraussetzt. Das Beschreiten dieses Weges setzt eine bestimmte Reifestufe voraus. Es ist der Weg, auf dem der Mensch dann endlich fähig wird, seine Bestimmung zu erfüllen: so wie die Blume in der Sprache der Blume und das Tier in der Weise des Tieres, als Mensch in der Weise des Menschen – mit Bewußtsein und aus Freiheit – zu zeugen vom Göttlichen Sein.

Es ist das Schicksal des Menschen, seinen Weg erst zu verfehlen, indem er ein Bewußtsein ausbildet, in dem er sich eine Freiheit und eine Eigenständigkeit einbildet, die den Verwandlungscharakter des Lebens verrät und ihn die Fühlung mit dem *Sein* verlieren läßt.

Der initiatische Weg bedeutet eine totale Wendung. Er setzt die große »Umkehr« voraus und fordert die endgültige Entscheidung für den Dienst an der Transzendenz. Er meint das Opfer von allem, was diesen Dienst verhindert, und den unbedingten Einsatz für alles, was ihm förderlich ist. Es ist eine Sache auf Leben und Tod. Der initiatische Weg meint auch die Gefolgschaft gegenüber dem Meister, der als Verkörperung des LEBENS für den Schüler die einzige und unbedingte Autorität ist. Sich ihr zu unterwerfen ist Ausdruck jener Freiheit, die aus der uneingeschränkten Bindung an die Transzendenz hervorgeht und Tag für Tag mit ihr wächst.

Der initiatische Weg beginnt mit dem Überschritt zur dritten Stufe. Auf der ersten dreht sich alles um das Ego, um seine Erhaltung und den gesicherten Genuß des elementaren Lebens. Auf der zweiten Stufe dreht sich alles um den »anderen«, — um Sache, Werk, Mitmensch, Gemeinschaft. Ihre Frucht ist der von seiner Egozentrik befreite, ganz im Dienst aufgehende Mensch. Hier leuchtet die Tugend als die Kraft zur tapferen, ichlosen und liebenden Überwindung des inneren und äußeren Widerstandes im »Dienst« am Leben der Gemeinschaft. Die Treue zum Dienst wurzelt in der Ehre, deren Verlust den Tod in der Gemeinschaft bedeutet, zu der man gehörte. Das aller Natur überlegene »Ganz Andere« erscheint hier in der unbedingten Geltung der in der Welt herrschenden Prinzipien, Ordnungen und Gesetze.

Auf der dritten Stufe dreht sich alles um das »Wesen« und um die Verwandlung des Menschen im fortschreitenden Einswerden mit dem in seinem Wesen verkörperten göttlichen Sein. Dieser Weg beginnt mit einer Seinsfühlung in Gestalt eines verpflichtenden Einbruchs der Transzendenz in das Bewußtsein. Nun erscheint das überweltliche LEBEN nicht nur im Recht auf Leben, nicht nur als Pflicht zum Dienst für die Welt, sondern als Verheißung und Ruf zur Einswerdung mit dem Göttlichen selbst und zum Dienst in seinem Namen.

Der initiatische Weg meint den Weg, auf dem der Mensch seinen Abweg, auf dem er sich von seinem ewigen Ursprung entfernte, erkennt und wieder die Einswerdung mit dem Sein sucht. Es ist der Weg, auf dem der Mensch, der sich als Manifestation des Seins bislang unbewußt geblieben, sich einmal und immer wieder als Möglichkeit bewußter Manifestation entdeckt und zu ihr erstarkt. Dieser Weg setzt eine totale Umkehr, einen Tod und eine Neugeburt voraus.

Die Entwicklung auf dem initiatischen Weg hat zwei Stufen. Auf der ersten gelangt der Mensch Schritt für Schritt, in immer neuem Loslassen des Alten und Zulassen des Neuen, allmählich zu der Verfassung, in der er durchlässig wird für sein Wesen und sein Verwandlungsgesetz. Diese Durchlässigkeit ist die Voraussetzung für die Reinheit aller vom Sein zeugenden Manifestation. Diese Stufe ist der Weg zum WEG. Auf der zweiten Stufe hat der Mensch die Große Durchlässigkeit, die durchlässige Form und die geformte Durchlässigkeit, gewonnen und ist selbst zum WEG geworden.

Der WEG, initiatisch verstanden, ist die Weise, in der sich LEBEN, nachdem der Mensch es verfehlt hatte, in einer bestimmten Folge von Schritten und Stufen in immer neuer Gestaltwerdung wieder durchsetzt. Dazu muß der Mensch sich seines Wesens und seiner Bestimmung bewußt geworden sein, bewußt geworden in besonderer Erfahrung, und nun zur Erfüllung der ihm in dieser Erfahrung deutlich gewordenen Bestimmung zu jedem Opfer bereit.

Der Weg ist eine Schritt für Schritt und Stufe für Stufe sich ereignende Verwandlung, deren Sinn das unverstellte Offenbarwerden des Seins in menschlicher Gestalt ist. Die Verwandlung vollzieht sich in einem langen Prozeß bewußter Fühlung und Einswerdung mit dem Ungewordenen, die immer wieder die Preisgabe des Gewordenen voraussetzt und fordert. »Einswerdung« meint nie nur Möglichkeit zur seelisch-geistigen Manifestation der Transzendenz, sondern auch Verpflichtung zu leibhafter Bezeugung in raumzeitlicher Gestalt.

Auf dem Weg wird der ewige Umschwung von Yin und Yang ins Bewußtsein gehoben und in den Willen aufgenommen. Der Mensch lernt, jede gewordene Form wieder zu lassen und neue Form zuzulassen. Es ist ein harter Weg, bis aus dem Gegeneinander von Yin und Yang der polare Rhythmus wird, in dem Tao sich ungehindert darlebt.

Die Schritte des initiatischen Weges sind kein Produkt menschlicher Phantasie, kein Ergebnis rationaler Überlegung. Sie verwirklichen eine im Menschen angelegte Verwandlungsgesetzlichkeit, deren bewußter Vollzug auf einer bestimmten Stufe der Entwicklung möglich und fällig wird. Der WEG ist das Leben in Menschengestalt, das sich in seiner Wahrheit darlebt. Das Christus-Wort: »Ich bin der *Weg*, die *Wahrheit* und das *Leben*« ist – was immer auch die besondere Bedeutung sein mag, die es hat, wenn Christus es von sich aussagt – das jedem Lebewesen einwohnende Wort. Das Wesen im Menschen ist kein In-Bild, sondern sein In-Weg. Es ist die ihm eingeborene und zum Durchlaufen aufgegebene Folge von Stufen, in denen er seiner eigentlichen Bestimmung gemäß zu jener Verfassung heranreift, in der nichts mehr die weitergehende Verwandlung zu immer größerer Transparenz aufhält. Dann erst ist er auf dem *Weg*, mehr noch, dann ist er selbst zum *WEG* geworden.

Der Weg zum WEG beginnt an einer bestimmten Schwelle des Lebens, über die allein ein Sprung auf eine andere Ebene hinausführt. Die Schwelle ist dort erreicht, wo ein Weitergehen in der bisherigen Richtung und ein Verbleiben in der bisherigen Lebensform das Ende bedeuten würde, ein Verenden durch Verhärtung, Verkrustung oder alles auflösende Verschlampung. Die Schwelle ist erreicht, wo die Todesnähe das Aufbegehren des Wesens auslöst. Dann ist der Sprung fällig, der aus der Sackgasse befreit.

Das Antreten auf dem Weg hat einen Einbruch der Transzendenz in die natürliche Lebensordnung des Menschen zur Voraussetzung. Doch nur, wenn dieser Einbruch als solcher erfahren, erkannt, die Verheißung gespürt und die ihm innewohnende Verpflichtung angenommen wird, kommt der Mensch auf den Weg.

Auf vielerlei Weise wird der Mensch auf den Weg zum WEG gebracht. Wo immer er auf einem von ihm eingeschlagenen, von einem Ziel bestimmten Weg scheitert, ist im Scheitern selbst eine Mahnung zur Besinnung enthalten, und in jeder solchen Mahnung die Frage: »Bin ich vielleicht überhaupt auf einem falschen Weg?« Jedes Scheitern in der Welt enthält einen Wink des inneren Meisters, sich auf das Wesentliche zu besinnen, und das bedeutet: die Fühlung mit dem Überweltlichen zu suchen.

Der *Weg* ist die Weise, in der das Große Leben im Menschen bewußt Gestalt gewinnt. Vom *Weg* ist erst auf einer die Herrschaft der Ratio überwindenden Stufe des Bewußtseins zu reden möglich. In der vorrationalen Stufe gewinnt das LEBEN unbewußt ihm gemäße Gestalt. Ganz ohne sein Zutun und Erkennen wächst der Mensch »biologisch« aus der Kraft, dem Gesetz und der Einheit des Lebens heran. Auf der von der Ratio beherrschten Stufe sucht der Mensch von sich aus und planmäßig dem Leben Sinn und Gestalt zu verleihen: im Meistern der Natur, im Formen der Welt, im Schaffen gültiger Werke und haltbarer Ordnungen, in der Teilhabe an geistigen Werten, im Leben in harmonischer Gemeinschaft mit anderen. Auf die dritte Stufe gelangt der Mensch erst, wo seine Wirklichkeitsvorstellung den Horizont seines gegenständlichen Bewußtseins überschreitet, und er nicht nur seine eigenständige Eigenwilligkeit, sondern auch seine ichlose und wohlgemeinte Weltbezogenheit zum Dienst an dem ihm bewußtwerdenden, ihn ständig verwandelnden Sein hingeben kann. Zum sinngebenden Zentrum ist dann das Sein selbst geworden. Dann ist der Mensch auf dem Weg zu seinem wahren Selbst, als potentieller Zeuge des göttlichen Seins. Auch alles, was er nun weiterhin im Dienst an der Welt tut, wird ihm dann Anlaß und Gelegenheit, dem Offenbarwerden des Einen zu dienen.

Wo der Mensch noch nicht vom Sein selbst ergriffen ist, sucht er seine Lebenserfüllung im Schaffen gültiger Formen in seiner Welt. Er findet sein Genüge in der Teilhabe an mehr oder weniger vollendeten Gebilden, darin logische, ästhetische, ethische Prinzipien sich scheinbar gestalthaft zu verewigen vermögen. In ihnen findet der Mensch dieser Stufe seine Freude, seinen Sinn und seinen Halt inmitten der Nöte und Wechselfälle seines geschichtlichen Daseins. Doch eben aus der Gabe zur Teilhabe an einem »objektiven« Geist und der Einbildung, aller Veränderung ein Dauerndes gegenüberstellen zu können, wächst die Gefahr, selber stehen zu bleiben. Je mehr es dem Menschen gelingt, aus der unbewußten Not, nicht er selbst sein zu können, in ein Reich objektiv gültig scheinender Lebensordnungen zu fliehen und sich dort zu beheimaten, um so schwerer hat er es, wieder hinzufinden auf seinen eigentlichen Weg reifender Verwandlung.

Die überraumzeitliche Unendlichkeit verwandelt sich im gegenständlichen Bewußtsein des Menschen in eine ins Unendliche fortgesetzte Endlichkeit, und das von keiner Zeit berührbare überzeitliche Sein zur Vorstellung eines ewig Dauernden. Der Geist, der solches leistet, wirkt dem Leben zuwider. Wo sein Prinzip sich auch des Innenmenschen bemächtigt, wird er zum Widersacher des LEBENS. Der Mensch bleibt im Erreichten stehen. Doch gerade dieses kann dann wieder zum Heil werden, wo das Leiden, das das Bleibende dem Wesen bereitet, die Wahrheit des Lebendigen wieder an den Tag bringt. Dann wird der Raum der hartwerdenden Objektwelt zum leidvollen Quellgrund für die Erkenntnis dessen, was das Subjekt eigentlich soll. Der Friedhof des Lebens wird zum Feld, auf dem es selbst nun als bewußtgewordenes LEBEN aufs Neue erblüht.

Der initiatische Weg beginnt mit einer kopernikanischen Wendung der Weise, das Leben zu sehen – wenn der Mensch in einer Seinserfahrung erkennt, daß nicht er und seine Welt die Mitte sind, um die alles andere sich dreht, sondern daß im Grunde er selber mit seiner Welt um eine andere Mitte kreist, und fortan mit Bewußtsein kreisen sollte. Nur dann aber wird diese Erkenntnis zum Anfang des Weges, wenn sie, in einer alles erschütternden Erfahrung gewonnen, als praktischer Auftrag, herznaher Sinn und opferbereiter Entschluß zur existentiellen Mitte des Lebens wird. Den initiatischen Weg betritt der Mensch erst dort, wo er das göttliche Sein nicht nur in einem neuen Glauben oder einer neuen Weltanschauung als wahre Mitte annimmt, sondern zuinnerst als solche erfahren und in den Willen aufgenommen hat. Erst dann kann auch das hartnäckige Fortleben des mittelpunktsüchtigen und schmerzscheuen Ichs mit seiner flachen Lust an der Welt, aber auch mit seinem Hängen in verpflichtenden Ordnungen der Welt als Not, Gefährdung und Untreue erfahren werden gegenüber dem Einen, das nottut.

Der WEG hat kein Ziel, bei dem man ankommt. Er ist in sich selber das Ziel. Und wenn der Mensch auch anfänglich in der Vorstellung lebt, doch einmal irgendwo ankommen zu können, so erkennt er, *wenn* er vorankommt, dies eines Tages daran, daß das vermeintliche Ziel immer ferner rückt, bis er einmal begreift, daß er, wenn er im Fortschreiten bleibt, in der unbedingten Bewegung weitergehender Verwandlung schon am Ziel ist. Ist er eingemündet in die ewige Bewegung, dann zieht in ihn tiefe Ruhe ein. Die Vorstellung eines Zieles, bei dem man ankommt, gehört der Welt des gegenständlich fixierenden Ich an, dessen Herrschaft zu überwinden, d. h. aufzugeben, die erste Aufgabe auf dem Weg ist.

Es gibt zwei Arten der Stille: die Stille des Todes, wo nichts sich mehr bewegt, und die Stille des Lebens, wo nichts mehr die Bewegung der Verwandlung aufhält.

Der Weg dient der Einswerdung mit dem göttlichen Leben und ihrer Bewährung in der geschichtlichen Welt. Er verläuft auf drei Bahnen, die nebeneinander hergehen: die fortschreitende *Entwicklung des Organes,* kraft dessen der Mensch immer fähiger wird, die ihm und aller Welt innewohnende Transzendenz zu erleben und ernst zu nehmen; die *Einsicht in die Bedingungen,* die die Einswerdung mit der Transzendenz fördern und verhindern; das Exerzitium, d. h.: die *Übung zum Abbau* dessen, was dieser Einswerdung im Wege steht und zur *Förderung* dessen, was sie ermöglicht.* Der Wunsch, in diesem dreifachen Sinn wahrgenommen und gefördert zu werden, ist unbewußt immer im Ruf nach dem Meister enthalten.

Das Ziel aller Übung zum WEG ist die große Durchlässigkeit. Es ist die Durchlässigkeit, die den Menschen befähigt,

---

* Vgl. Dürckheim »Überweltliches Leben in der Welt« O. W. Barth 2. Aufl. 1972.

das in seinem Wesen anwesende Sein zu vernehmen und ihm das Offenbarwerden in ihm, und durch ihn in der Welt, zu ermöglichen.

Wie immer das eigentliche Zentrum, um das sich alles dreht, auf das alles bezogen sein muß, und von dem alles ausgeht, benannt wird – in Wahrheit ist es unnennbar. Es wird aber immer auch erfahren werden als ein forderndes, erlösendes, Maß, Richtung und Form gebendes Du. Ob es Gott genannt wird oder LEBEN, göttliches Sein, Buddha, Christus oder Heiliger Geist, und ob es mit solchen Namen einen bestimmten Platz im Ganzen einer Theologie hat oder nicht, ob es in überlieferten Geschichten und Bildern menschliche Umrisse gewonnen hat oder nicht, als Zentrum des Weges ist es jenseits aller Worte, Geschichten und Bilder in bild- und wortloser Erfahrung kraftspendend, sinngebend und bergend am Werk.

Nicht nur die Seinserfahrung als besonderes Ereignis, schon die Seinsfühlung als leise Berührung hat eine besondere Qualität: die uns durchdringende Stimmungsqualität des *Numinosen* verbunden mit der Antriebsqualität einer besonderen Kraft, die uns ergreift, in sich aufnimmt und fordert, uns über uns hinaushebt und zugleich in besonderer Weise in uns hineinstellt. Diese numinose Qualität, wie alles, was uns ›sakral‹ oder ›heilig‹ anmutet, bedeutet immer die uns bewußt werdende Präsenz des ganz Anderen. Sie hat nichts mit dem Superlativ bekannter Glücks- oder Angstgefühle zu tun. Im Numinosen rührt uns Überweltliches an, das Unfaßbare, das uns im Grunde immer begleitet, uns vorantreibt und zurückhält, uns herausruft und in uns zurückwirft, uns in Frage stellt und wieder zu uns zurückbringt, uns vernichtet und neu gebiert. Daher dieses zum Numinosen gehörende Zugleich eines Fascinosum und Tremendum * – immer zum gleichen Ende: uns so werden zu lassen, daß das LEBEN in uns und durch uns immer reiner und ungestörter hervortreten kann in der Welt. In der numinosen Berührung ist der ewige Meister im Spiel, der uns auf den Weg ruft und auf dem Weg hält. Nach diesem

---

* R. Otto, Das Heilige, C. H. Becksche Verlagsbuchhandlung München.

Ruf verlangen wir aus der Tiefe unseres Wesens. Unser Ruf ist aber des Meisters Ruf, der aufgenommen ist erst in unserer Sehnsucht, dann in unserem Willen. Sein Ruf ist der Ruf unseres Wesens.

Das Numinose ist die Grundqualität auch allen religiösen Erlebens. Es ist aber ein Unterschied, ob es nur einen Glauben bestätigt, durchwirkt und befruchtet oder aber zum Anzeichen eigener Wesens- und Weggemäßheit und zum Stachel eigenen Bemühens wird, sich seinsgemäß zu verwandeln.

Den Weg, auf dem der Mensch die große Durchlässigkeit sucht, verstellt das Insgesamt des verdrängten und nach Ausdruck verlangenden Lebens, der Schatten! Er macht sich in »bösen« Impulsen bemerkbar und drängt zerstörerisch an den Tag. Zwei Weisen gibt es, auf dem Wege, der bösen Kräfte Herr zu werden und sie in den Dienst der Verwandlung zu stellen: den psychologischen Weg, der der Wurzel der Verdrängung nachspürt, sie aufdeckt und ihrer Kraft den befreienden und befruchtenden Ausdruck ermöglicht. Die andere Weise mit dem »Bösen« fertigzuwerden, ist die »asketische«. In unbedingter Gottbezogenheit opfert der Mensch in echter Demut seine heillosen Eigenansprüche auf. Ein echtes Opfer ist das nur, wo das Ich selbst voll drangegeben wird. Es gibt den Akt, der alles wendet, den Akt um Gottes willen aus Freiheit, der im Annehmen des Todes das neue Leben gewinnt. Ohne Zucht gibt es kein Fortschreiten auf dem Wege. Was vergangene Zeiten mit Fasten und Beten, Verzicht und Selbstkasteiung suchten, wird durch die Entdeckung des Schattens und der Möglichkeit, ihn zu verwandeln, nicht sinnlos. Vor die Tugend haben die Götter den Schweiß gesetzt, vor die Verwandlung Selbstopfer und Tod. Tiefenpsychologische Bereinigung und Befreiung schafft das Letzte niemals allein.

Der initiatische Weg hat keinen linearen, sondern einen spiraligen Charakter, die Form einer zugleich zentripetalen und zentrifugalen Spirale. Er ist eine Bewegung aus der Peripherie in die Mitte und aus der Mitte in die Peripherie. Er führt aus der Oberfläche in das Zentrum, aus unendlichen Weiten in die Tiefe des Kernes, und aus diesem wieder in die Peripherie.

Immer wieder fühlen wir uns zur Mitte hingezogen, getrieben und gerufen, zugleich aber aus ihr entlassen und hinausgesandt in die Weite. Das Ganze, das wir selber sind, atmet in dieser Bewegung in der Spiegelung unserer Einmaligkeit. Wir werden, was wir im Wesen sind, nur im Aus und Ein des Atems, in der Schwingung, die uns über uns hinaus- und wieder zurückträgt in unsere Mitte.

Wir erfahren den Kern in uns aus seinem lebendigen Bezug mit allem, was uns umgibt. Wir erfahren ihn als Ursprung und Heimat aller persönlichen Horizonte unseres Lebens, aller Bedeutsamkeiten unserer Welt. Sie sind nichts anderes als endliche Spiegelungen unseres Wesens in seinem Streben nach Offenbarwerden in Raum und Zeit. Immer ist die Peripherie unseres Lebens nicht nur Entfaltungsraum und Erscheinungsform unseres Kernes, sondern auch seine heillose Gefährdung, wie der Anspruch des Kernes die heilsame Gefährdung der Peripherie. Er kann in ihr versanden und sie sich in ihm wie in einer Sackgasse »erschrecken«. Kern und Peripherie leben aus ihrer wechselseitigen Gefährdung. Daß kein Aufenthalt, kein Stillstand im Hin und Her ihrer Bewegung erlaubt ist, macht ihre Lebenskraft aus.

Es gibt kein stetiges Hineinwachsen in das Reich der Großen Mitte, und der Weg ist nicht eben. Er beginnt mit einem Schock, und zahllos sind die Schlingen, die Wände und Löcher, die zu überwinden sind. Immer wieder fällt der Mensch aus dem Ganz-Anderen in die Lebensform seines natürlichen Ichs zurück, und jedes Mal trägt ihn nur eine totale Wendung, ein gefährlicher Sprung wieder in das Reich der Mitte empor. Dieses verlangt einen ganz anderen Menschen als die Welt. Darum auch wird die Welt eines Menschen eine andere, wenn das Sein in ihm aufgeht. Weil er ein anderer wird, sieht er, sucht er, liebt er fortan anders und daher auch *anderes*.

Der Sprung in die andere Dimension setzt ein Loslassen, eine Preisgabe, oft eine Vernichtung dessen voraus, was uns an diese Welt bindet, und dann leben wir fortan aus einer anderen Kraft, in einem anderen Sinngefüge und in einer anderen Liebe. In der Welt meint Liebe eine Bindung, in der wir mit dem Geliebten eins sind und es nicht lassen können. Die Liebe im Reiche der Mitte ist die Erfahrung der Einheit und Einswerdung im Wesen und der Freiheit im Bedingten, in der nichts festgehalten wird.

Der auf den Weg zum WEG Gelangte mag wohl noch in alten Bindungen leben und wirken. Im Grunde aber ist er von ihnen frei. Sie bestimmen weder das Maß noch die Richtung, und ohne Zögern gibt er sie auf, wenn sie ihn auf dem Weg zum *Weg* behindern.

Der WEG, um den es am Ende geht, ist nicht ein Weg, den der Mensch geht, sondern einer, von dem er gegangen wird. Der WEG wird nicht vom Menschen betreten, sondern Er setzt sich eines Tages im Menschen durch. Der Weg zum WEG erfordert menschliches Tun und Mühen. Ist der WEG einmal erreicht, dann ergreift Er den Menschen und fordert von ihm nur das gehorsame Zulassen, das heißt die Bereitschaft, von Ihm gegangen zu werden!

Auf dem WEG bleiben bedarf dann keiner Anstrengung von seiten des Menschen, als der des Widerstandes gegen jede Versuchung, selber die Richtung bestimmen zu wollen, und wäre es der Himmel selber, der sich darböte als Ziel. Faßt der Mensch den WEG von sich aus ins Auge, müht er sich, selber die Richtung zu wahren, dann hat er ihn schon verloren. Alles, was dem Menschen, je näher er ihm kommt, zu tun übrig bleibt, ist wach zu bleiben, zu horchen und zu gehorchen und seinem Ich, auch dem wohlmeinenden, das das »Heil« sucht, die Einmischung zu verbieten.

Der WEG, der uns geht, ist der Ewige Meister als Weg. Er ist das eigentlich in uns gemeinte »Selbst«, das ursprüngliche und zugleich das uns aufgegebene Ganze, das, ist es einmal in uns lebendig geworden, wo immer wir es verfehlen oder verletzen, aufbegehrt und sich wiederherstellt in einem immer neuen, nach vorn weisenden Prozeß. Das ist der Meister, nach dem wir rufen, und der uns fortdauernd ruft. Unser Ruf nach dem Meister ist der Widerhall auf den ewigen Ruf des Ewigen Meisters. Nur wenn wir ihn gehört haben, rufen wir ihn.

Sofern wir vom *Weg* ergriffen sind, gibt es zwar kein Halten mehr, kein Festhalten und kein Festgehaltenwerden. Und doch ist der Mensch dauernd versucht, dort wo es »gut« ist, stehen zu bleiben. So ist er nie aus der Verantwortung entlassen, sich in der Bewegung zu halten. Er bleibt zum bewußten Vollzug des Weges gerufen. Seine Freiheit liegt im Ja oder Nein sagen können zu dem, was ihn einlädt: sei es zur Bewegung, die vom LEBEN kommt und Weiter-Verwandlung verlangt, oder zur Bewegung, die vom Ich herkommt und auf einen gesicherten Stand hinsteuert.

Der Mensch muß, ist es ihm ernst um den Weg, lernen, alles zu lassen, immer wieder zu lassen. So kommt er ins Nichts. Aber dieses Nichts ist die rechte Leere nur, wo sie das Tor zur Fülle bedeutet, und wo das Lassen der alten Form der neuen den Weg freigibt.*

Das Gewordene muß weichen, damit das Ungewordene wird. Das Viele muß schweigen, damit die Fülle gehört werden kann. In die Verantwortung des Menschen ist es gegeben, daß das Nichts, aus dem das Neue aufsteigen kann, nicht zum Loch wird, das alles verschlingt, sondern Mutterboden bleibt, aus dem das Neue aufblühen kann.

Ein kleiner Vogel sitzt auf einem dürren Ast, der ins Leere hineinragt (ein Motiv großer Maler aller Zonen und Zeiten). So bringt der Vogel die Leere zum Sprechen – und die Leere den Vogel.

Das Unendliche wacht im Menschen am Endlichen auf, das ihm widerspricht, und das Endliche selbst entdeckt im Unendlichen, dem es widerspricht, sein eigenes Wesen.

---

* Vgl. Dürckheim, Horror vacui, benedictio vacui, in: Le Vide en Occident et Orient. Hermes Bd. 6, Paris 1969.

Das LEBEN treibt die Fülle der Formen hervor, eine jede in die Besonderung und ihre Vollendung (Yang) und nimmt sie wieder heim in das große All-Eine (Yin). Der Widersacher des Lebens vernichtet es, wo er die Bewegung aufhält: in der Vollendung – das gibt den Tod durch Erstarrung; im Eingehen der Form im All-Einen, – das gibt die Auflösung. Der Meister spricht mit der Stimme des lebendigen Ganzen, das sich in der Polarität der Bewegung darlebt und keinen Stillstand duldet. Er ruft die gewordene Form in ihren Urgrund zurück und ruft diesen auf zu neuer Geburt. Im Lebendigen sind beide Bewegungen in einer verwoben.

Es ist ein großer Augenblick im Leben des Menschen, wenn es ihm vergönnt ist, mit einem Male zu sehen, wie alles, was sich in ihm und um ihn bewegt, den allgewaltigen Versuch des Seins darstellt, sich in Raum und Zeit zu offenbaren. Mit Schrecken kann er dann vielleicht auch erkennen, in welchem Ausmaße er in seiner menschlichen Welt das *Sein* in seinem Drang, in die Erscheinung zu treten, behindert. Solche Erfahrung kann zum Anlaß der großen Wende werden, in der der Mensch zum Diener des Seins wird.

Im Bewußtseinswesen Mensch wird sich das LEBEN in der Gefährdung seiner Gestaltwerdung seiner selbst bewußt. An ihrer Verfehlung wird sich der Mensch der ihm vom Leben zugedachten Ganzheit bewußt: ihrer Tiefe, wo er droht, zu versanden, ihrer Grenzen nur, wo er sie überschreitet, ihrer Möglichkeiten erst, wo er das Unmögliche sucht. Wo der Ewige Meister den Menschen als WEG ergreift, jagt er ihn immer von neuem aus jeder Stellung heraus an eine Grenze und über diese hinaus. In diesem Übersprung ist Vernichtung und neues Leben zugleich.

Das Fortschreiten auf dem Weg zum WEG ist ein immerwährendes Verlieren und Wiedergewinnen der Ganzheit im Wahrnehmen und Zulassen der in ihr enthaltenen Gegensätze: Himmel und Erde, Form und Nichtform, Bewußtsein und Unbewußtsein, männlich und weiblich etc. Ohne Unterlaß treten sie im Bewußtsein des Menschen auseinander und einander gegenüber, befehden sich und finden sich wieder zusammen im Umschwung zu immer neuer Ganzheit. Je tiefer der Mensch ihre Gefährdung empfindet, sie klar wahrnimmt und zeitweilig zuläßt, um so lebendiger und wesensgemäßer wird die Ganzheit, die aus neuem Einswerden herauswächst, und um so wahrer spiegelt das Werden das LEBEN als immer schöpferisch-erlösenden Geist. Der innere Meister duldet keinen Stillstand, kein Verbleiben in reibungslos harmonischer Ruhe. Er stört, was sich zu setzen beginnt, wieder auf zum Weg.

Christus der Meister

Für das christliche Abendland ist der Ewige Meister verkörpert und wirklich geworden in Jesus Christus. In ihm verwirklicht sich die Idee des Meisters in einmaliger Weise in historischer Gestalt. Und alle Züge, die durch die Zonen und Zeiten hindurch den wahren Meister auszeichnen, finden sich in ihm vereint.

Was auch immer der gläubige Christ Jesus Christus als Gottes Sohn, der für uns gestorben und auferstanden ist, an einmaliger Heiligkeit und Göttlichkeit zuschreiben mag – Grenze und Unterschied sind nicht darin zu suchen, daß der Mensch ja nur Mensch und Christus auch göttlich sei. Idee und Wirklichkeit des Meisters meint gerade, daß auch der Mensch beides ist und beides zu werden bestimmt ist; daß sein übermenschliches Wesen seinen eigentlichen Ursprung und Kern ausmacht, sein weltliches Dasein jedoch als dessen Manifestation erlitten, gelebt und verwirklicht werden soll. Und Sache der Meister ist es, immer und überall, den Menschen zu diesem Kern hin zu erwecken und von diesem Kern her zugleich weltkräftig und weltfrei werden zu lassen.

Das Vernehmen des Evangeliums setzt den Menschen jenem göttlichen Hauch aus, der in ihm das Ewige weckt und anklingen läßt. Es macht den Menschen zum Schüler des Ewigen Meisters, den er in der Stimme des Heiligen Geistes in sich selbst hören kann. Wir stehen heute im Zeitalter einer existentiellen Entdeckung des uns innewohnenden Heiligen Geistes. So aber, wie nur ein begrenzter Teil der Menschen die Stufe hat, den inneren Meister zu hören (»Ohren hat, zu hören«), so auch wird das Verständnis der Schrift und ihres eigentlichen Gehaltes letztlich nicht durch wissenschaftliche Exegesen erschlossen (die Worte Christi sind zu einer Zeit und zu Menschen gesprochen, die noch nicht durch die Ratio, wie wir sie kennen, hindurchgegangen sind), sondern bedarf des postmentalen inständlichen Bewußtseins.

Der lebendige Glaube ist eine Verfassung des Gemütes, in der das Geheimnis lebendig zu uns spricht, solange es nicht »gelüftet«, d. h. dem entseelenden Strahl des Verstandes ausgesetzt wird. So ist auch der Mensch, der initiatisch fortgeschritten, das heißt, ein dem Verstand überlegenes »Bewußtsein« gewonnen hat, und in immer sich vertiefender Weise dem Geheimen aufgeschlossen, auf dem Wege in die Wahrheit Christi. Seinem eigenen Wesen aufgeschlossen ist er zum Resonanzboden für die Stimme des Ewigen Meisters geworden. Im Ruf nach dem Meister ist er in Wahrheit die lebendige Antwort auf das uns aus allem, was ist, anrufende WORT.

Die Zeit ist gekommen, daß auch der Schatz an initiatischem Wissen wieder gehoben werde, den die abendländische christliche Tradition birgt – in der religiösen Erfahrungsweisheit des Urchristentums, der Einsiedler und Mönche des frühen Christentums, der Mystik des Mittelalters, der Alchimisten und der »Eingeweihten« mannigfaltiger Zirkel und geheimer Gesellschaften. Dabei wird es wichtig sein, zu unterscheiden zwischen mystischer Erfahrung und dem sie einschließenden, aber planmäßig verarbeitenden und weiterentwickelnden initiatischen Weg. Der Ruf nach dem Meister ist gerade nicht nur der Ausdruck eines Wunsches nach mystischer Erfahrung, sondern nach einer Führung auf dem Weg einer Verwandlung, die den Menschen, wenn und in dem Maße als ihm der Durchbruch zum Absoluten gelingt, zum gestaltungskräftigen Mittler des Göttlichen in der Welt macht. Der Mensch wird zu einem wirklichen Gefäß des göttlichen Seins, das offen ist, Boden hat und Wände, aufnehmen kann und ausgießen kann. Der Mensch muß wissen und bezeugen können, daß so wie das Leben, das ihn umgibt in Raum und Zeit, so auch er selbst das göttliche Wort ist in verhüllter Gestalt. Der Ewige Meister in ihm wie der leibhaftige Meister in der Welt lehren ihn die Verhüllung entdecken und sie zum durchlässigen Medium für das Ewige im Endlichen zu verwandeln. Auf diesem Wege wird er immer deutlicher die Gegenwart Christi als die seines ewigen Meisters erfahren. Und die Forderung: die Welt »in Christo« wahrzunehmen und den anderen »in Christo« zu lieben, erfüllt sich wie von selbst im Leben des zur Wahrheit seines Wesens gereiften und aus ihm heraus lebenden Menschen.

DIE STIMME DES MEISTERS IM LEBEN

Wenn ein Mensch auf den Weg zum *Weg* gelangt ist, entschieden, im Leben dem LEBEN zu dienen, dann kann ihm das Leben selbst zum Meister auf dem inneren Wege werden. Er wird überall, z. B. aus der Weise, wie er sich in seinem Leib bewegt, wie er den Alltag nimmt, wie er den Wechselfällen und Schicksalsschlägen des Lebens begegnet, wie er auf die Hochs und Tiefs seines Daseins reagiert oder den Verlockungen und Versuchungen der Welt nachgibt oder widersteht – aus allem wird er, einmal hellhörig geworden, die Stimme des inneren Meisters hören. Sie meldet sich unüberhörbar, laut oder leise, und sagt ihm, ob er auf dem Weg im Fortschreiten oder stehengeblieben ist oder, jetzt eben in diesem Augenblick, im Begriff, auf einen Abweg zu geraten und sich selbst untreu zu werden. Die Forderung, sich zur Großen Durchlässigkeit zu bereiten, ist für den zum Weg Erwachten immer gegenwärtig, und die Stimme des Gewissens, in der der Meister sich meldet, schweigt nie. Sind wir wirklich Schüler geworden, ist jede Situation des Tages ein Test. Und nur von dieser Lage ist hier die Rede.

In der Auseinandersetzung mit dem sogenannten äußeren Leben und Schicksal sind wir immer versucht, den zentralen Sinn unserer Existenz aus dem Auge zu verlieren. Tausendfach sind die Gelegenheiten, die Verlockungen und Gefahren der Welt, die Transzendenz über den Nahzielen des Ichs, den schlechten wie den wohlgemeinten, »guten«, zu vergessen. Statt uns um das Leiden aus dem Wesen zu kümmern, das aus unserer Seinsferne kommt, kreisen wir meist um die Leiden, die unsere »Position« in der Welt betreffen. Aber gerade auch die Auseinandersetzung mit diesen »natürlichen« Leiden bildet ein Kernstück des Weges. Der Dienst am LEBEN erlaubt es nicht, aufgrund einer Erfahrung, die uns eine befreiende Fühlung mit dem überweltlichen Sein gebracht hat, von nun an die Welt gering zu achten und sich am anderen Ufer niederzulassen; denn wir sind dazu da, der überweltlichen Welt in der Welt Raum zu schaffen. Um aber die dazu erforderliche Weltkraft zu gewinnen, muß der Mensch die in einer Fühlung mit dem Sein, also dank einer Ineinandersetzung mit dem Wesen gewonnene innere Form immer wieder in einer Auseinandersetzung mit der Welt aufs Spiel setzen. Und er muß auch seinem Schatten nachgehen. Dann wird am Mut wie an der Schmerzscheu nach innen und außen bald deutlich, ob der Mensch sich wirklich auf den Weg und in die unnachsichtige Führung des Meisters begeben hat. Wenn der Mensch wirklich auf dem Weg zum WEG ist, dann erweckt jedes Stehenbleiben und jede Abwegigkeit die mahnende Stimme des Meisters. Wir hören aber auch seine Zustimmung, wo wir in der rechten Weise »da« sind und hören ihn ermutigen und einladen, wo sich ein neuer Weg zum *Weg* öffnet und wir im Zweifel sind, ihn einzuschlagen oder Angst haben, einen Sprung zu tun. Und wenn wir wirklich in der rechten Weise da sind, dann spüren wir das in einer lebendigen, lichten, zustimmenden Stille ganz tief in uns, einer Stille, die jenseits ist von aller »psychischen Bewegung« und auch jenseits von aller Stille und allem Lärm dieser Welt. Es ist dann so wie in einer tiefen Meditation, wo ein Lärm draußen, der uns erst stört, sich zu einem wunderlichen Hintergrund einer inneren Stille verwandelt, die gar nichts mit Lärm oder Nicht-Lärm zu tun hat, sondern ein Zustand ist, der jenseits ist von Stille und Lärm.

Wirklich zum Weg erwacht sein – das kennzeichnet eine hohe und seltene Stufe menschlicher Entwicklung. Der Mensch unserer Tage, für den sich das »Recht-Sein« in der Dreiheit »Durchsetzungskraft, Leistungstüchtigkeit, Wohlverhalten« erschöpft, ist von dieser Stufe sehr weit entfernt. Aber den Differenzierteren unserer Zeit ist nicht mehr ganz wohl dabei, mehr noch, sie leiden unter dem Druck all dessen, was diese Welt an eigentlich Wesentlichem in ihnen verdrängt. So gilt es, das Erwachen desjenigen Gewissens zu fördern, aus dem die Ganzheit und Wesenstiefe des Menschen spricht. Die hohen Einsichten und Forderungen, die die volle Selbstwerdung des Menschen im Sinne des homo maximus betreffen, nur geistig gegenwärtig zu haben, genügt nicht. Man muß sie leibhaftig spüren und in der Lage sein, die gesuchte Durchlässigkeit und ihre Verfehlung in der körperlichen Verfassung, in der Haltung, im Atem, im Gefüge von Spannung und Entspannung und bis in die banalsten Vorgänge des Alltags und in der konkreten Berufssituation erkennen zu können. Gerade in Bereichen, die dem »geistigen Menschen« am fernsten und uninteressantesten erscheinen, wie beispielsweise im »Körper«, in den alltäglichsten Handlungen,* bis hin in die »niedrigen Gefilde« des Sportes und der Leibesübungen muß das initiatische Bemühen reichen.

Für den zum Weg Erwachten spielt sich jeder Augenblick vor dem Auge des inneren Meisters ab. Aus dem Glauben an das alles sehende Auge Gottes ist eine Erfahrung geworden, – und »jede Situation die beste aller Gelegenheiten«, fortzuschreiten auf dem inneren Weg, so sagt ein östlicher Satz. Und doch wird je nach Charakter, Stufe und Lebensgeschichte jeder Mensch seine besonderen Felder haben, auf denen er für die Stimme des Meisters besonders empfindlich oder umgekehrt eher seinstaub ist. Aber jeder zum Weg Erwachte vernimmt die Stimme des Meisters in der Begegnung mit dem eigenen *Leib*, in der Suche nach der *Mitte*, und in der Begegnung mit dem *Tod*.

---

* Vgl. Dürckheim, Der Alltag als Übung, Hans Huber, Bern und Stuttgart, 4. Auflage 1972.

I. DIE STIMME DES MEISTERS IN DER BEGEGNUNG MIT DEM LEIBE

1. Der Leib, der man ist

Die Auffassung vom menschlichen Leib ist heute großen Wandlungen unterworfen. Immer mehr wird der Leib zu einem Feld der Selbsterfahrung und Selbstverwirklichung als Person und damit zu einem zentralen Faktor auf dem initiatischen Weg. Dies geht zusammen mit dem Wandel seiner Bedeutung im Rahmen der Psychotherapie, wo diese ihren bislang im Wesentlichen pragmatischen Charakter zu dem einer initiatischen Heilkunst fortentwickelt. Doch dieser Prozeß hat erst begonnen. Noch geht es weithin um die Überwindung der psycho-physischen Dualismen in der Betrachtung wie auch in der Behandlung des Menschen. Daß Krankheiten eine psychische Wurzel haben können, ist längst bekannt. Daß der Psychotherapeut, der selbst nicht Arzt ist, gegebenenfalls den Arzt hinzuzieht, ist selbstverständlich. So auch die Beachtung »medizinischer« Faktoren in der Psychotherapie. Aber die Einbeziehung des Leibes in die Psychotherapie ist noch in ihren allerersten Anfängen.

Wo in einer Analyse dem Patienten empfohlen wird, sich einer Atem-, Entspannungs- oder Bewegungstherapie zu unterziehen, geschieht dies meist, ohne daß dabei die personale Bedeutung einer Atemstörung oder Verspannung voll ernst genommen wird. Atem-, Bewegungs- und Entspannungstherapie werden nur als Hilfsmethoden zur Beseitigung körperlicher Behinderungen der Arbeit an der Psyche eingesetzt! Man sagt: »Solange dieser Mensch derartig verkrampft ist, ist er überhaupt nicht ansprechbar.« Hier hat das Eingehen auf einen verstellten Körper den Charakter von etwas Zusätzlichem im Vergleich mit dem »Eigentlichen«, das nicht im Körper, sondern allein in der »Psyche« zu suchen und zu behandeln sei. Diese Situation ändert sich in dem Maße, als die Therapie sich nicht auf die Beseitigung von Teilstörungen, Auflösungen bestimmter Komplexe und Behebungen neurotischer Mechanismen zur Wiederherstellung einer gestörten Funktionstüchtigkeit beschränkt, sondern den ganzen Menschen im Auge und die Befreiung und Verwirklichung des wahren Selbstes zum Ziel hat. Je deutlicher erkannt wird, daß dieses Selbst nur in einer auch leibhaft richtigen Daseinsform aufblühen kann, wird die Trennung von Leib und Seele problematisch, und es erscheint immer unmöglicher, den Menschen losgelöst von seinem Leibe sehen und »therapieren« zu wollen. Was aber ist hier mit dem »Leib« gemeint? Ist es der Körper, mit dem es die klassische Medizin zu tun hat? Nein!

Auch die Medizin wandelt sich. Der Arzt von heute wird sich der Beschränktheit einer Vorstellung immer bewußter, die die physische Krankheit losgelöst von der »Seele« sieht. Aber was ist die »Seele«, die er eigentlich in seine Arbeit einbeziehen möchte? Ist es die Psyche, mit der die klassische Bewußtseinspsychologie es zu tun hat? Nein! Erst die Tiefenpsychologie und die auf ihr aufruhende Therapie wird für die Medizin bedeutsam. Auf der anderen Seite mehren sich innerhalb der Medizin Erkenntnisse und Erfahrungen, die zu einer Weitung des Horizontes des Psychotherapeuten über die Grenze des Nur-Psychischen hinausführen. (Hierzu gehören auch gewisse Ergebnisse der unter dem Namen »Erfahrungsheilkunde« zusammengefaßten, nicht orthodoxen Forschungs- und Behandlungsweisen.) Was nun bislang nur wie ein verständnisvolles Aufeinanderzukommen von Medizin und Psychologie erscheint und z. B. in der psychosomatischen Medizin als wechselseitige Berücksichtigung und Einbeziehung des anderen »Poles« geübt wird, führt in Wahrheit allmählich zur Entdeckung eines Dritten, das jenseits der Dualität Physis – Psyche ist. So kommt schon ein neuer Erkenntnisfaktor herein, wenn beispielsweise auch der Arzt einen »flachen Atem«, der noch keineswegs Krankheit ist, ernstzunehmen beginnt und ihn weder als Folge eines chronischen Katarrhs, noch nur einer psychischen Störung ansieht, sondern in ihm etwa den verständlichen Ausdruck eines geängstigten *Subjekts* erkennt, das in seiner auch leibhaftigen Angst-Verspannung die Genesung verhindert. Ebenso geht etwas Neues auf, wenn der

Psychotherapeut plötzlich begreift, daß in den hochgezogenen Schultern der »eingefleischte« Ausdruck einer inneren Abwehrhaltung vorliegt, der, weil er eingefleischt ist, einen »psychisch« längst fälligen Schritt auf dem Wege der Reifung verhindert.

Solche von der Macht der Tatsachen vorangetriebenen Erkenntnisse führen zu einer Konzeption des »Menschen im Leib«, die sich wesentlich von der unterscheidet, in der der Mensch als eine wie auch immer zu denkende Zusammensetzung aus Körper und Geist, Leib und Seele, Bewußtsein und Materie usw. angesehen wurde. Und schon fragt man heute nicht nur: »Wie hängen Leib und Seele zusammen?« sondern auch: »Wie konnten sie je auseinander gedacht werden?« Aber was ist die geheime Macht, die die Psychologie und die Medizin so aufeinander zugehen läßt? Wer ist also dieser geheimnisvolle »Dritte«? Er ist niemand anderes als der mehr und mehr seiner selbst in seiner *Ganzheit* bewußtwerdende Mensch! In dieser Bewußtwerdung spiegelt sich eine allgemeine Bewegung unserer Zeit, in der der Mensch sich immer stärker gegen den Druck einer Welt auflehnt, die ihn, indem sie ihn immer mehr funktionalisiert, auch immer mehr in seiner Ganzheit gefährdet und schließlich selbst zu einem Stück Welt reduziert. Und in dieser Auflehnung gegen die Funktionalisierung meldet sich nicht nur das biographisch bedingte »Welt-Ich«, sondern vor allem das überweltliche Wesen. Seine Verdrängung erzeugt das Leiden, das nicht von einer pragmatisch auf Funktionstüchtigkeit ausgerichteten Therapie, sondern nur von einer auf Verwandlung und Reifung zielenden initiatischen Therapie behoben werden kann. In dieser Therapie sind Arzt und Patient auf die Stimme des inneren Meisters im Leibe angewiesen.

So ist es zu verstehen, daß heute aus dem Seelenraum, der vom Lichtkegel der Naturwissenschaften ausgeblendet ins Dunkel geriet, der *Mensch* auftaucht, der Mensch auch mit der verdrängten Seite seines Wesens, der Mensch, so wie er sich selbst *erlebt* und in der Welt als Person leibhaftig *darlebt*, der Mensch, so wie wir ihm ganz selbstverständlich im persönlichen Verhältnis von Ich und Du begegnen. Aber über dieses unreflektierte Erleben unseres In-der-Welt-Seins und natürlichen Miteinanderseins legt sich, sobald wir es reflektieren, ein immer dichter werdender Schleier von Begriffen, der uns verhindert, die tiefere Weisheit des unmittelbaren Verstehens und Umgangs in gewußte Erkenntnis umzusetzen. So hat die Herrschaft des zum Begreifen des Menschen üblichen, in der Reflexion entstandenen Schemas vom Körper einerseits und der Seele andererseits dazu geführt, das, was im Dialog des täglichen Daseins jenseits dieses Gegensatzes ist, aus dem wissenschaftlichen Bewußtsein auszuklammern.

Der Mensch, verstanden als ein bestimmter Jemand, ist jenseits des begrifflich fixierten Gegensatzes von Körper und Seele oder von Körper und Bewußtsein. Aber er ist immer »Subjekt« und immer leibliche Gestalt. Was immer er tut oder fühlt, *er* fühlt und tut es »im Leibe«, richtiger gesagt, als Leib. Als Leib auch erfährt er das Regulativ, wo es um den inneren Weg geht, die Stimme des inneren Meisters.

Der Leib, der die Psychotherapie angeht, ist etwas anderes als der Körper, der den Mediziner angeht. Das ist richtig freilich nur für eine Psychotherapie, die über ihr pragmatisches Interesse an der Wiederherstellung irgendeiner Funktionstüchtigkeit hinaus daran interessiert ist, daß der Mensch *wirklich* ganz *der* werde, der er seinem überweltlichen *Wesen* nach ist. *Wirklichkeit* in *Raum* und *Zeit* hat aber der *Mensch* nur als leibliche Gestalt. Nur in ihr, nie ohne sie, ist Person »wirklich«. Nur in ihr, besser gesagt, »als sie« kann der Mensch auch der werden, der er seiner Grundbestimmung nach ist und als Person in der Welt sein soll. So ist zu unterscheiden zwischen dem Körper, den man hat, und dem Leib, der man ist!

Der Mensch begegnet uns nie nur als Körper oder als Seele. Nur für das analytische Auge des fixierenden Ichs werden Innen und Außen, Seele und Leib als zwei getrennte Wirklichkeiten unterschieden. In einer ganzheitlichen auf das Du der Person bezogenen Sicht haben wir es immer mit dem leiblich gegenwärtigen *Subjekt* zu tun, dessen Weisen, sich zu *innern* und sich zu *äußern,* nicht voneinander zu trennen sind.

Der Leib ist für die personale Sicht kein vom Subjekt lösbarer physischer Organismus noch ein im Dienste des Welt-

Ichs mehr oder weniger gut funktionierendes Instrument. Er ist vielmehr das raumzeitliche Medium des Subjektseins und des Selbst-Werdens. Er ist die Weise, in der der Mensch als ›Wesen‹ in der Welt *da* ist. Er ist die Einheit der Gebärden, in der er sich darstellt, ausdrückt, Gestalt gewinnt und als Gestalt verwirklicht oder verfehlt. Der Leib, der man ist, ist die Weise, in der der Mensch sich im Sinn seiner Bestimmung oder ihr zuwider nicht nur erlebt, sondern »darleibt« und sich im ständigen Wechsel seiner Gestalt mehr oder weniger seinem Wesen gemäß vollendet. Diesen Leib »heil« zu halten ist also Sache einer initiatischen Heilkunst, die etwas anderes ist als alle pragmatische Therapie.

Die Arbeit am Leibe steht in der initiatischen Therapie im Zeichen des *personalen Grundgesetzes*. Von seiner Erfüllung hängt das Heilsein und Heilbleiben des Menschen als Person ab. Die Verpflichtung zu seiner Erfüllung spricht aus der Stimme des inneren Meisters. Dies Gesetz besagt, daß der Mensch dazu bestimmt ist, *Person* zu werden. Person meint letztlich ein Subjekt, das aus Freiheit und mit Bewußtsein fähig ist, das in ihm, d. h. in seinem *Wesen* anwesende, zur Manifestation drängende überweltliche Sein in seinem weltlichen Dasein hindurchtönen und Gestalt werden zu lassen.

Das personale Grundgesetz betrifft also die Verwirklichung unseres überweltlichen Wesens in der Welt, das heißt im *Leibe*. So ist initiatische Therapie eine immer auch auf das leibhafte Offenbarwerden des Wesens hinwirkende Therapie. Zur Erfüllung dieses Gesetzes bedarf es aber einer Gesamtverfassung, deren Grundeigenschaft die Transparenz ist.

»Transparenz« meint »Durchlässigkeit«, darin der Mensch fähig ist, das in seinem Wesen anwesende Sein in einer Weise in sein Bewußtsein aufzunehmen, die ihn befähigt, es unter den Bedingungen seines Lebens in der Welt leibhaftig zu bezeugen. Diese Verfassung ist keine nur innere Ordnung, nicht nur »l'ordre du coeur«, sondern auch des Menschen Verfassung im Leibe, »l'ordre du corps«. In beiden zusammen nur erscheint »l'ordre de la personne«. So gewiß der Mensch seine Bestimmung als Mensch nur in seiner Weise in der Welt da zu sein, das heißt als Leib erfüllen kann, so gewiß muß eine personale

Therapie *die* Leibwerdung in ihre Arbeit einbeziehen, die die Voraussetzung dafür ist. Das aber bedeutet mehr als die Sorge um die Gesundheit!

Die heile Leibgestalt des Menschen als Person ist etwas anderes als der gesunde Körper. Die Erfolge der Medizin für die Gesundheit des Menschen besagen nicht, daß die Forscher und Ärzte, die sie theoretisch und praktisch ermöglichten, den Menschen wirklich als Person gesehen und behandelt haben, so wenig umgekehrt »Krankheit«, sofern sie dem Menschen noch einen Rest von Bewußtsein läßt, ein hinreichender Grund dafür ist, daß der Mensch sich als Person verfehlt. Wie oft sind gerade körperliche Leiden und der herannahende Tod die Mächte, die den Menschen zum Person-Werden bereit machen und ihm Gelegenheit geben, sich als Person zu bezeugen, während gute Gesundheit oft genug den Weg nach innen vergessen läßt.

»Recht« ist der Mensch als Leibgestalt, wenn er in ihr *durchlässig* ist für die Manifestation des in seinem Wesen anwesenden Seins und zugleich in einer Weise *in Form,* die es ihm ermöglicht, in seiner Welt von der Fülle, Inbildlichkeit und Einheit des in seinem Wesen anwesenden Seins zu zeugen. Wo der Mensch als integrale Einheit gesehen und sein Leib im Hinblick auf das zur Manifestation drängende Wesen wahrgenommen wird, tritt die kausale erklärende Betrachtung innermenschlicher Faktoren zurück, und in den Vordergrund tritt eine erhellende Deutung leiblichen Verhaltens und leiblicher Formen als Ausdruck für die Selbstverwirklichung aus dem Wesen. Und wie der Sinn der Diagnose, so auch ändert sich der Sinn der Therapie und mit ihr die Rolle des Arztes. Er wird zum Begleiter und Führer auf dem »Weg«, zum Guru.

Wird der Leib nicht nur als Körper gesehen, den der Mensch hat, sondern als der Leib, der er ist, also als die Einheit der Gebärden, in der er sich als Person in der Welt darlebt, d. h. sichtbar ausdrückt und verwirklicht, so muß in seiner Gestalt auch der geschaut werden können, der in ihr erscheint. Dies aber bedeutet zweierlei: Derjenige, der unter den Bedingungen des Daseins so geworden ist und der, der er eigentlich vom Wesen her ist! In der jeweiligen Gestalt erscheint in der Tat auch, wie und in welchem Ausmaße der Mensch seinem Wesen gemäß Leib geworden ist. Hier betrifft das personale Schauen des Leibes nicht den Charakter eines Menschen als festes Gefüge von Eigenschaften, sondern das Verhältnis einer von der Welt bedingten Daseinsform zu der ihm eigentlich vom Wesen her aufgegebenen Daseinsgestalt! So gesehen, werden der Leib und seine Glieder in der Ruhe wie in der Bewegung zu einem Feld von Signaturen, in denen ein Subjekt erscheint, das unter den Bedingungen seines Lebens das Gesetz des Menschseins in individueller Gestalt immer nur mehr oder weniger erfüllt. Mit diesem Blick auf ein vom Wesen her Sein-Sollendes gewinnt die Schau des Leibes ganz unmittelbar initiatische Bedeutung. Sie ist an der Gestalt der Person orientiert, die ihrem *Wesen* gemäß ist.

Wo durch das Äußere, Sichtbare hindurch auf ein Inneres, Unsichtbares geschaut wird im Verhältnis von Gestalt und Sinn, ist von der alten Konzeption, die Leib und Seele als zwei getrennte Wirklichkeiten sieht, nicht mehr viel vorhanden. »Die Seele ist dann der *Sinn* des Leibes und der Leib der Ausdruck der Seele« (Klages). Aber man muß noch einen Schritt weitergehen und sagen: Was man einerseits die Seele, andererseits den Leib nennt, sind beide nur Aspekte und Weisen des Menschen, der sich als Person darlebt, indem er das, was er innerlich ist, zugleich auch außen ist, und umgekehrt; das heißt: sich immer in-eins ›äußert‹ und ›innert‹«, erlebt und darlebt, d. h. dar-leibt. Auch das, was »innerlich« ist, meint zweierlei: das, was er im Laufe der Zeit *tatsächlich* als ein von der Welt Bedingter geworden ist, und das, was er *eigentlich* und unbedingt vom Wesen her ist und sein soll. Den Menschen in seinem Leib d. h. als Leib in vollem Maße richtig sehen, heißt daher, ihn im Verhältnis von Weltleib und Wesensform wahrnehmen und also erkennen, wie weit in seiner Weltgestalt sein »Wesen« erscheint.

Wo der Leib als ein Feld deutbarer Signaturen und der Mensch auf das Sein-Sollende hin geschaut wird, kann es nicht ausbleiben, daß er auch als mikrokosmische Spiegelung und Verwirklichungsform von Gesetzen und Zeichen gesehen wird, die das universale Leben bestimmen, von dem er selbst eine Erscheinungsgestalt ist. Sein Heilsein und Heilbleiben kann dann nur im Einklang mit universalen Gesetzen gesehen werden. Das treibt wie selbstverständlich den Therapeuten unserer Tage dazu, den Anschluß an jene Vergangenheit zu suchen, in der der Menschenleib in Einheit mit dem Universum gesehen wurde.

So wie das Sein in einem Menschen aber nur offenbar werden kann in der ihm zugedachten eigenen, individuellen Form, so kann auch der Mensch nur in der Auszeugung der ihm je eigenen Wesensform in gültiger Weise hinfinden zum göttlichen Sein.

In dem Maße als Therapie nicht mehr nur an der Wiederherstellung einer Funktionstüchtigkeit für die Welt orientiert ist, sondern am Werden des wahren Selbst d. h. an der Integration von Wesen und Welt-Ich im Zeichen und im Dienste der Transzendenz, wird Therapie initiatische Therapie und der Therapeut zum Guru. Ob er es weiß und ob er es will oder nicht, der »Patient« sucht in ihm nicht mehr den Arzt, sondern den Meister. Der Meister geht aber auch mit dem Leibe anders um als der Arzt. Er sieht, berührt und behandelt im Leib den Menschen, der auf dem Weg zur Transparenz für Transzendenz ist. Er nimmt als Meister den Suchenden in die Hand.

So wie das aufnehmende Wahr-Nehmen des Menschen in einer personalen Therapie sich »physiognomisch« an der Leibgestalt und ihrem Verhältnis zu der durch sie hindurchschimmernden Wesensform zu orientieren hat, so geht es im wirkenden Wahrnehmen darum, die Bedingungen zu fördern, unter denen der Mensch als Weltgestalt, das heißt auch als Leib, seinem Wesen gemäß werden kann.

Ist der Leib die Weise, in der der Mensch sich als Wesen zur Person darleibt, so muß der Leib auch Ausdruck sein dafür, wie weit die jeweilige Gestalt »wesensgemäß« ist oder nicht. Dieses wird für die Wahrnehmung in dem Maße wichtig, als der Therapeut nicht nur an Welt-Tüchtigkeit interessiert ist, sondern an der Auszeugung des Wesens. Die personale Schau des Leibes ist in der Therapie wichtig für den Therapeuten selbst wie für seinen Partner. Mehr noch: die Selbstwahrnehmung im Leibe ist unerläßlich und von entscheidender Bedeutung für den Fortschritt auf dem inneren Weg.

Wer wirklich auf dem Weg zum WEG ist, vernimmt in seinem Leibe alles auf dem Hintergrund der auf leibhafte Verwirklichung drängenden, im *Wesen* zentrierten Ganzheit. Jede Störung wird dann erlebt nicht nur als Störung der Gesundheit, also der Werktüchtigkeit oder sozialen Angepaßtheit, sondern mit Bezug auf die vom Wesen geforderte Selbstverwirklichung als Person. In jeder bewußtwerdenden Störung begegnet uns dann das uns zur »Ordnung« rufende, vom LEBEN her bestimmte Ganze, das heißt die Stimme des inneren Meisters!

Aber nur der Therapeut, der selbst auf dem Weg ist, wird für sich und angesichts des anderen den »Wesensblick« und das »Wesensohr« entwickeln und mit ihnen in der Sprache des Leibes die Widersprüche zum Wesen wahrnehmen. Er wird aber auch seinen Partner zur Selbstwahrnehmung im Zeichen des Wesens anleiten.

2. *Physiognomisches Sehen*

Ganz unwillkürlich und wie selbstverständlich macht sich der Therapeut ein Bild von seinem Partner aus seinem Aussehen und seinem Verhalten. Bewußt oder unbewußt registriert er auch die Fortschritte der Arbeit an der veränderten Weise, wie der andere »daherkommt«, die Hand gibt, sich hinsetzt, dasitzt, sein Gegenüber anblickt oder an ihm vorbeischaut und wie er spricht. In alledem wird vor allem »gesehen«, wie weit der andere frei oder verstellt, aufgeschlossen oder zugeknöpft, verkrampft und aufgelöst oder aber gelöst und in guter Spannung, zugänglich oder abgekehrt ist, vor allem aber, ob er sich überhaupt selbst gibt oder hinter einer Fassade verbirgt. Der Therapeut »notiert« unwillkürlich solche Zeichen, so wie wir alle dies auch im Leben ganz selbstverständlich tun. Er besitzt dafür kraft ursprünglicher Begabung und langer Erfahrung einen mehr oder weniger guten Blick und ein mehr oder weniger großes Merkvermögen. In dieser natürlichen Physiognomik liegt ein noch weithin ungeborgener Schatz, dessen Hebung, das heißt systematische Bewußtwerdung und Ausbildung für die Diagnostik und dann auch für die personale Therapie von großer Bedeutung werden kann. Gemessen an der Bedeutung, die der physiognomische Eindruck faktisch hat, ist es verwunderlich, welch geringe Rolle die Physiognomie und die Lehre von den Ausdrucksbewegungen in der offiziellen Therapie und therapeutischen Ausbildung spielt. Wo nun der Therapeut zum Guru wird, entwickelt sich noch eine andere Sicht des Leibes und mit ihr ein Wissen um Signaturen im Hinblick auf das Wesen.

Jeder weiß ganz allgemein, daß sich für den, der lesen kann, in der Kopfform und in den Gesichtszügen Charakter und Schicksal, Wesen und Leben eines Menschen in sprechender Weise spiegeln. Müßte die systematische Physiognomik nicht zur Ausbildung der Therapeuten gehören? Im Schatten des in der tiefenpsychologisch orientierten Therapie heute vorwaltenden Interesses für das Unbewußte und seine genetischen Hintergründe ist das im Leibe auch sichtbare typologische Apriori des Menschen zu stark in den Hintergrund getreten. Es wird mit dem Erwachen des neuen Leibbewußtseins neue Bedeutung gewinnen und dies in dem Maße, als das Feld des physiognomischen Sehens erweitert wird auf das Verhältnis von Welt-Ich und Wesen d. h. von *Daseinsgestalt* und *Wesensform*.

So wie der ganze Leib in seiner Gestalt den ganzen Menschen widerspiegelt in der Sprache des Leibes, so jedes Glied in der Sprache des betreffenden Gliedes. Dieses begründet z. B. die *Möglichkeit einer Wissenschaft der Hand*, die über die Zusammenstellung nur erfahrungsgesetzlich, das

heißt statistisch belegter Zuordnungen von Zeichen- und Charaktereigentümlichkeiten hinausgeht, also nicht nur mitteilt, daß es immer so *ist* – sondern im Hinblick auf die physiognomische Bedeutung eines Zeichens zeigt, daß es so sein *muß*.*
Der Leib in der Sprache der Hand kommt bisher in der Therapie noch kaum zur Geltung. Und doch genügt ein Blick in die Hand, um über bestimmte Eigentümlichkeiten eines Menschen, die seinen Grundcharakter betreffen, Bescheid zu wissen. So etwa, ob einer eine ursprüngliche Fähigkeit zu lieben hat oder aber von Natur aus egozentrisch ist; ob er von Natur der Welt gegenüber eher zurückhaltend oder aber angriffsfreudig ist; ob er – was im Rahmen einer personalen, auf das »Wesen« bezogenen Therapie zu wissen besonders wichtig ist – eine ursprüngliche übersinnliche Sinnlichkeit hat, die ihn empfänglich macht zum Wahrnehmen des Numinosen, oder nicht. Gleichfalls geht aus der Hand hervor, ob ein Mensch mehr zum Typus des elementaren, des seelischen oder des geistigen Menschen gehört, wodurch jeweils auch ein ganz bestimmter Stil für die Erfahrung und Bezeugung der Transzendenz angelegt ist. Auch besagt die Hand, in welchem Verhältnis gewisse Ausstattungsanlagen zu seinen Grundimpulsen stehen. All solche Feststellungen legen einen Menschen im Geiste des Therapeuten nicht fest, aber sie helfen, gewisse grundsätzliche Fehler in der Beurteilung eines Menschen und seiner Potentiale zu vermeiden.

Ein besonderes Feld für eine den Leib einbeziehende Therapie ist die *Graphologie*. Zur Bildung eines jeden Therapeuten sollten gewisse Grundkenntnisse der Graphologie gehören, nicht nur als Mittel der Diagnose, sondern auch zum Nutzen der initiatischen nicht weniger als der pragmatischen Therapie.

Wenn man in der Lage ist, einem Menschen etwas über seine Schrift zu sagen, so bedeutet das mehr als nur die Vertiefung seiner Selbsterkenntnis. Es gibt ihm darüber hinaus auch Impulse zu einer Arbeit an sich selbst – besonders angesichts

---

* Vgl. Graf Dürckheim – v. Mangoldt, Der Mensch im Spiegel der Hand, Weilheim, 2. A. 1966.
M. Picard, Das Menschengesicht, Stuttgart/Zürich, 6. A. 1955.

von Zeichen, die »Negatives« bedeuten wie Verlogenheit, Hinterhältigkeit, verdeckte Aggressionen, unterschwellige Herrschsucht, verblasene Geistigkeit, unterdrückte Vitalkraft, Egozentrik etc.

Der aus Entdeckungen über die eigene Schrift hervorgehende Wunsch, »sich zu ändern«, legt den Gedanken einer »Graphotherapie« nahe, wie sie von Maria Hippius[*] entwickelt wurde. Aus der Schrift spricht aber nicht nur das faktische und das potentielle Verhältnis zur Welt – z. B. das Maß an Durchsetzungskraft, Leistungsvermögen und Kontaktfähigkeit, sondern auch das Verhältnis von Welt-Ich und Wesen und also auch die Stufe des Menschen im Hinblick auf seine Seinsoffenheit und Fähigkeit zum initiatischen Weg. Wem das aus seiner Schrift aufgeht, dem spricht aus ihr sein innerer Meister.

Graphotherapie besteht nicht in dem Versuch, die Schrift zu verbessern. Es geht in ihr vielmehr darum, daß ein Mensch erst einmal lernt zu spüren, welche Grundhaltungen sich tatsächlich in einer bestimmten Schreibgebärde äußern und in einem bestimmten Schriftzeichen niederschlagen. Eine vielhundertfache Wiederholung gewisser Schreibgebärden und Zeichen kann dazu helfen, gewisse Grundhaltungen umzustimmen. So z. B. kann ein Mensch erkennen, daß sich in seiner linksgestellten Schrift ein Verlust an Unmittelbarkeit und ängstliche Abwehr gegen die Welt ausdrücken. Er kann dann dazu übergehen, rechtsliegende Zeichen zu schreiben, nicht um der Schrift, sondern um seiner selbst willen. Er wird dann sehr bald bemerken, wie schwer ihm das zunächst fällt, ja wie unmöglich es ihm erscheint, ihm vielleicht sogar Angst macht oder Aggressionen auslöst – aber er kann dann im weiteren erfahren, daß im treuen Wiederholen und Üben rechtsgestellter Zeichen z. B. im tausendfachen Wiederholen rechtsgeneigter Girlanden – vorausgesetzt, daß er es ganz seinem Tun hingegeben, in meditativer Haltung vollzieht – eine seltsame Öffnung seiner selbst geschieht. Graphologie erschließt

---

[*] Vgl. M. Hippius, Beitrag aus der Werkstatt, in: Transzendenz als Erfahrung, Weilheim/Obb. 1966.

insbesondere dem ein neues Feld der Selbsterkenntnis und der Selbstformung, der »auf dem Weg« ist. Dann sagt ihm die eigene Schrift, wie weit der, der er im Wesen ist und eigentlich sein soll, hervorkommt oder vom Ich her verstellt ist, d. h. es spricht zu ihm aus seiner eigenen Schrift der innere Meister.

Eine sowohl diagnostische wie auch therapeutische Möglichkeit enthält die Physiognomie des bewegten Leibes. Der Mensch kann da ganz von innen her an seiner Erscheinungsform arbeiten, um immer mehr zum Gefäß des in ihm und durch ihn ans Licht drängenden göttlichen Seins zu werden. Immer ist die lebendige Gestalt Bewegungsgestalt, ist das Ganze der Gebärden Ausdruck und Verwirklichungsform der Person, die sich in ihnen darleibt. Alle personale Therapie, die im Leib wirklich den Menschen sieht, hat auch die jeweilige Diskrepanz zwischen Daseinsgestalt und Wesensform im Auge. Jede nur von der Welt her bedingte und zugleich eingefleischte Fassade, die vom Wesen her gesehen Verbiegung und Überformung bedeutet (also nicht in Organschäden begründet ist), muß als ein Faktor erkannt werden, der die gemeinte und gesollte Gestalt verhindert, und es kann und muß an der Beseitigung von innen her gearbeitet werden.

Die größte Möglichkeit, über die Erkenntnis und Übung der Ausdrucksbewegung zu arbeiten, liegt in der Bewegungstherapie. Wo der Blick des Therapeuten auf die werdende Person gerichtet ist, bietet der bewegte Leib wichtige Ansatzpunkte zur Diagnostik und zur initiatischen Führung. Eine im Sinne der initiatischen Therapie erfahrene Physiotherapeutin wird einem Menschen aufgrund der Weise seines Dastehens und seines Gehens im Vorwärts- und Rückwärtsschreiten schon in den ersten Stunden Tatsachen mitteilen und, was wichtiger ist, bewußt machen können, die in einer rein psychologischen Analyse oft Monate, wenn nicht länger, brauchen, um ans Licht zu kommen. Solche Mitteilungen fahren dem Übenden in die Glieder, *weil* sie über den Leib vernommen worden sind! Der geschulte Blick erkennt, in welcher Weise ein Mensch die ihm vom Wesen her zugedachte Gestalt, d. h. sich selbst verfehlt und an sich selbst vorbeilebt,

d. h. sich im Leibe im Widerspruch zu seiner Wesensform befindet. Dies bezieht sich vor allem auch auf das gelebte Verhältnis zwischen dem Männlichen und dem Weiblichen in uns. Aber die Selbsterfahrung im Leibe kann und muß auch zur Selbst-Diagnose und Auto-Therapie fortentwickelt werden.

Im Prozeß der Bewußtwerdung des Menschen wie seiner Selbstverwirklichung aus dem Wesen heraus kann im Rahmen einer initiatischen Therapie der *Tanz* eine besondere Rolle spielen – vor allem im Hinblick auf die Gewinnung des dem Menschen eigenen Rhythmus. Fragt man z. B., worin denn das eigene, ursprüngliche Wesen eines Menschen am unmittelbarsten zum Ausdruck kommt oder zum Ausdruck drängt, so kann man antworten: im Rhythmus. Rhythmus meint dabei etwas ganz anderes als das »Tempo«. Es meint eine charakteristische in ähnlichen Bewegungen und Gebärden wiederkehrende Wesensgestalt, zu deren Eigenart das Tempo nur »auch« gehört. Wer auf dem Weg ist, hört die mahnende Stimme des Meisters nicht nur, wo seine Bewegungsform, sondern wo seine Lebensweise dem eigenen Rhythmus widerspricht.

Wer es je miterlebt hat, wie ein Mensch sich im Tanz seiner Unfähigkeit, voll *dazusein*, bewußt werden kann, sich im Tanz dann aber auch in immer neuer Weise ausprobieren und dann auf einmal finden kann, wird den Jubel der Selbstentdeckung nicht vergessen, in den ein solcher Mensch in dem Augenblick gerät, in dem er *seinen* Rhythmus gefunden hat. Alles, was die rechte Gesamthaltung bestimmen soll – im Verhältnis von Himmel und Erde, von männlich und weiblich, von Yang und Yin, von Welt und Innerlichkeit etc., - wird zwar schon im Gehen, mehr aber noch im Tanz offenbar. Hier können mit wenig Hilfen dem Menschen z. B. seine Bodenlosigkeit wie sein Kleben an der Erde, sein falsches »Schweben« wie seine geistlose Schwere bewußt gemacht werden – und im Bewußtwerden empfängt er Impulse zur Verwandlung seiner selbst in der Bewegung. – Bei dieser Verwandlung geht es dann im Rahmen einer personalen Therapie in erster Linie darum, daß ein Mensch fähig wird, in der Bewegung wirklich er selbst zu werden, sich als er selbst zu fühlen, es zu sein und zu bleiben,

d. h. sich immer eindeutiger in einer für ihn gültigen, weil seinem persönlichen Wesen gemäßen Bewegungsgestalt darzustellen. Eben darin vermag er sich auch immer mehr seiner Teilhabe am göttlichen Sein bewußt zu werden und in ihr zu bewähren.

»Jedes Lebewesen muß sich selbst darstellen, seine Gestalt und Beweglichkeit in vollkommener Freiheit und Unbedürftigkeit zum Ausdruck bringen, als das, was sie *ist*, sich ihrer im Spiele mit sich selbst erfreuen, im Selbstsein die Wonne des Seins in der Welt genießen.«

»Wenn der Mensch wesenhaft er selbst zu sein vermag, d. h. lebende Urgestalt, dann ist er nicht mehr bloß er selbst – die Grenze ist aufgehoben, er ist Mitspieler der Wesen und Mächte des Seins, ja, verschlungen ins Ewige, aufgenommen in Gott.«

»Der Mensch kann erst er selbst sein, wenn das Wunder des Seins, wenn das Göttliche ihn anfaßt, ihn freimacht zu der Haltung, in der sich absichtslos das Ursprüngliche darstellt, weil das Allsein der Welt sich in ihr spiegelt.« [*]

3. Kollektive Überformung

Jede gliedhafte, das heißt wirkliche Zugehörigkeit zu einem sozialen Ganzen macht sich in typischen Ausdrucks- und Bewegungsformen bemerkbar. Aus dem Geist des Gruppenganzen geboren, artikulieren sie einerseits die den Gruppencharakter verkörpernde Eigenheit in all seinen Gliedern, andererseits überlagern sie bisweilen die individuelle Ausdrucksform des einzelnen in einem Ausmaß, die ihn am eigenen Selbstwerden verhindert.

Es gibt Verhaltensweisen, Manieren, Weisen, sich zu halten oder auch sich gehen zu lassen, die Hände zu bewegen, zu blicken und zu gehen, vor allem auch zu sprechen, die die Zugehörigkeit zu einer bestimmten Gruppe verraten. Sie alle können zum »Stil« eines Kollektivs gehören. Aber es ist ein

---

[*] W. F. Otto, in: Menschengestalt und Tanz, München 1956.

feiner Unterschied zwischen dem Stil, der das Individuelle keineswegs behindert, und einer kollektiv bedingten »Superstruktur«, die sich an die Stelle der Eigenpersönlichkeit setzt oder sie überlagert. So erscheinen in der Landessprache, mehr noch im Dialekt besondere Eigentümlichkeiten des Stammes, die die Eigenform und Individualität derer, die diese Sprache sprechen, nicht behindern, sondern im Gegenteil, im Stil des Landes artikulieren. Aber es gibt ein Gruppenbild, ein »Image« und einen Gruppenjargon, die das individuell Eigne abbiegen und das personale Niveau senken.

Jede gruppenbedingte Verhaltensform äußert und festigt sich zugleich in einem bestimmten Selbstbewußtsein, einem »Selbst-Wert-Bewußtsein« sowohl wie in einem »Selbst-Wir-Bewußtsein«, das oft auch in einer bestimmten Haltung erscheint, die *exklusiv* ist. Sie kann von einer bestimmten Stufe an entwicklungsstörend sein. Auch jedes Alter hat mit der ihm zukommenden Leibgestalt auch bestimmte altersgemäße Bewegungsweisen. In jedem Alter kommen aber auch bestimmte Übersteigerungen und Überformungen vor, die die altersgemäße Form verbiegen. So gibt es schon beim Kind eine fatale Verkindlichung seiner Weise, sich zu geben, so zum Beispiel dort, wo das Kind die »Tantensprache« nachmacht und ein Opfer des Kindergartengebarens wird. Es gibt auch die als betonte Flegelhaftigkeit fixierte Übersteigerung eines natürlichen Pubertätsverhaltens. Es gab die provozierend faxigen Allüren gewisser Verbindungsstudenten. Es gibt immer wieder das aufgesetzte, aber oft tief eingefleischte, für bestimmte Berufe typische »Gehabe«, so des Schulmeisters, des Pfarrers, des Offiziers, kurz eine »Déformation professionnelle«. Es gibt typische, das Eigensein verhüllende Verhaltensformen, die mit der sozialen Position zusammenhängen. So die des gehorsamen Angestellten oder »Dieners«, des peinlich zuverlässigen Beamten, des von sich allzu überzeugten leitenden Mannes, der viele unter sich, aber einen »Gewaltigen« über sich hat, und schließlich die Allüren des Generaldirektors, der, weil er die totale Macht hat, sich jede ichbedingte Ungehemmtheit leisten kann und sich gerade dadurch bisweilen in seinem wahren Selbst verfehlt.

Je mehr ein Therapeut die *Leibform* der persona seines Partners sieht, desto mehr wird er hinter jeder kollektiven Überformung den Schatten spüren und hinter Fassade und Schatten die hier verhinderte Wesensform erschauen, auf deren Auszeugung in einer bestimmten Gestalt es am Ende ankommt. Gruppenbedingtes Gehabe ist meist gänzlich unbewußt. Aber jeder, der auf dem Weg ist, d. h. immer auch auf *seinem* Weg ist, muß ein Gespür für das Aufgesetzte entwickeln. Je mehr er in Fühlung gelangt mit seinem Wesen, um so deutlicher wird er die Verlogenheit der Fassade empfinden, so z. B. das Konventionelle seiner Haltung, seiner Stimme, seiner Gebärden. In einer initiatischen Therapie wird der Therapeut ein immer feineres Gefühl für das kollektiv bedingte Verfehlen der wesensgemäßen Form entwickeln und sie im Partner zu wecken verstehen. Je mehr der Suchende wirklich auf den Weg zum WEG kommt, um so automatischer wird er nicht nur merken, daß seine Weise, zu sein, gegen die innere Wahrheit verstößt – sondern auch in der Sprache des ihn zur Ordnung rufenden Leibes die Stimme des inneren Meisters hören. Und so bahnt dann das Selbstbewußtwerden der gruppenbedingten Leib-Form den Weg zur fortschreitenden Bewußtwerdung und Verwirklichung der wesenseigenen Gestalt.

4. Leitbilder

Solange ein Mensch noch kein Organ hat für die ihm persönlich zukommende und aufgegebene Gestalt, solange läßt er sich von bestimmten *Leitbildern* beeinflussen. Erziehungsideale der Eltern, Jugendschriften, Film und Sport, Mode und Zeitgeist sind an der Entstehung solcher Leitbilder beteiligt. In der Jugend sind es heute nicht mehr die alten Typen, wie der »forsche Junge« und das »sanfte Mädchen«, die die Vorstellungs- und Einstellungswelt der Kinder bestimmen. Früh schon treten heute an ihre Stelle vorbildlich wirkende Zeiterscheinungen dazu, so das Image der Hippies, Beats, Rokkers und Gammler. Aber es gibt auch immer noch das Leitbild der feinen Dame und des Gentleman (oder was einer dafür hält), des Naturburschen, des Revolutionärs, des Sporthelden usw. Oft markieren solche Leitbilder Stationen auf dem Weg, aber sie können auch zu Übersteigerungen, Regressionen, Verbiegungen, Verfälschungen des natürlichen Ausdrucks führen, die die Entwicklung zur wesensgemäßen Haltung hemmen. Ist der Mensch zum Wesen erwacht, wird er für seine Verfehlung empfindsam, und Leitbilder dieser Art verlieren ihre Macht. – Das für unsere Zeit weithin maßgebende Leitbild ist der aller Fassaden ledige, in seiner Freiheit von keinen Tabus eingeschränkte Mensch, der ohne Scheu zu sich und zu seiner Wahrheit steht, sich ganz einfach so gibt wie er ist: der wahrhaft menschliche Mensch. Mehr als jedes andere kommt dieses Leitbild dem Selbstwerden aus dem Wesen entgegen!

Ursprüngliche Gestaltpotentiale, aber auch bestimmte Organschäden in Verbindung mit kompensierenden Anpassungstendenzen oder leidvolle Erlebnisse, die ihre Spuren in Form bestimmter Abwehrhaltungen hinterlassen, machen den Menschen anfällig, unwillkürlich in das Erscheinungsbild gewisser Typen hineinzuschlüpfen, die sich dann seiner bemächtigen, und ihn sowohl an seinem individuellen Eigensein als auch an seiner jetzt fälligen Stufe vorbei in eine bestimmte Figur pressen, die ihm gar nicht entspricht. Auch die »Temperamente« neigen zu bestimmten Figuren, die ihnen den ihnen entsprechenden Entfaltungsraum gewähren, aber deswegen auch gewisse Einseitigkeiten fördern. Das »leichte« oder »schwere Blut«, selbst schon eine Gestalteigentümlichkeit des Menschen, neigt dem Vorbild des »Abenteurers« oder aber des »Ernst-Beständigen«* zu, der Introvertierte oder Extravertierte unter Umständen dazu, Einsiedler oder Weltmann zu spielen, etc.

Das Bewußtwerden eines die eigene Individualität überspielenden Leitbildes wird nur dort einen Impuls zum »Lassen« des Ungemäßen auslösen, wo das im Wesen gegründete

---

* Vgl. W. Welzig, Beispielhafte Figuren, Graz–Köln 1963.

Leibgewissen erwacht ist und die vom Wesen gemeinte Leibgestalt ins Innesein tritt. Oft ersetzen solche Bilder ein nicht vorhandenes eigenes Ich und verhindern das Wesen, sich zu bekunden. Umgekehrt kann manch einer, ihrer innewerdend, seiner eigenen Wesensrichtung bewußt werden.

Etwas anderes als die gruppen- oder leitbildbestimmten Überformungen sind leibhaftige *Erscheinungsformen archetypischer Prinzipien*. Sie unterscheiden sich von allen anderen dadurch, daß ihre überpersönliche Bildkraft eine transzendente Wurzel hat. Sie bemächtigen sich des Menschen entweder im positiven oder negativen Aspekt einer ihn überwältigenden übergeordneten Macht, sei es männlichen oder weiblichen Charakters (Große Mutter). Wo immer ein Archetypus den Menschen ergreift und durchdringt, wird das Ganze der ihm innewohnenden persönlichen Kräfte und Gaben, aber auch die überpersönlichen Mächte, an denen er teilhat, insgeheim auf das Zusammenwirken zu einer bestimmten Gestalt »konfiguriert«. Erst wo diese Gestalt leibhaftig erlebt wird, kann sie voll bewußt werden. Das kann dann bedeuten, daß sich der Mensch des überpersönlichen Sinnes seiner eigenen Innengestalt innewird und dann plötzlich den gefährlichen Bann erkennt, in dem er gefangen ist. Ein andermal kann er sich vielleicht des verpflichtenden und ihm eine bestimmte Haltung auferlegenden Charakters eines Inbildes bewußt werden, der ihm, weil er ihm wesensgemäß ist, zur Verwirklichung in einer entsprechenden Gestalt verpflichtet.

Die Verwandlung im Leibe meint noch mehr: Uralte, immer noch gültige, auch uns noch innewohnende Tradition sieht den Menschen in der Dreistufung von Natur – Seele – Geist. Wie auch immer diese schwerwiegenden Begriffe definiert werden mögen, sie enthalten unzweifelhaft den Hinweis auf drei Dimensionen, die mit Bezug auf den Menschen sowohl eine typologische wie eine genetische Bedeutung haben. Es gibt den mehr der Natur verbundenen und in ihr aufgehenden, den mehr im seelischen Erleben und den mehr im Geist existierenden Menschen. Das drückt sich wie in der Gesamtgestalt, so auch in seinem Gesicht, seinen Gliedern (Hand) wie in seiner Schrift aus. Die Dreistufung hat aber auch die Bedeutung einer Entwicklung, die im Prinzip jedem Menschen zugedacht ist, denn jeder hat die drei in sich. Jeder hat eine ihm gemäße Formel, die drei zu einem, d. h. zu *seinem* Einklang zu bringen. In Richtung auf diese Formel wirkt der innere Meister. Er sagt jedem seine Weise, ob und wie der zunächst im naturhaft Elementaren lebende und mit ihm verbundene Mensch sich verinnerlichen und die Welt beseelen soll, und endlich über das Seelische hinaus- und hineinwachsen soll in den Raum des absoluten Geistes, darin ihn weder das Naturhafte noch das Innerseelische, sondern nur noch die Erfahrung und Manifestation des Logos in seiner Wesensgestalt bewegt.

Wie die typologische Verschiedenheit, so auch erscheint die Zugehörigkeit zu einer der drei Stufen im Leibe. Der Therapeut muß »sehen«, mit wem er es zu tun hat. Jede der drei Stufen hat die ihr eigene Gesundheit, die Möglichkeit zu einer ihr eigenen Schönheit und zu einer ihr eigenen Transparenz. Und endlich ändert sich mit jedem Schritt zum »geistig Durchwehten« hin auch die Stofflichkeit des Leibes vom Grobstofflichen zum Feinstofflichen, bis hin zu der Höhe, auf der der sichtbare Leib nur noch gleichsam ein hauchzarter Hinweis auf eine in ihm erscheinende, durch ihn hindurchscheinende oder aus ihm hervorstrahlende andere Dimension ist. Der Therapeut muß sich dieser im Leibe sichtbaren und in ihm ihren Ausdruck suchenden Formen und Stufen des Natur-Seele-Geist-Menschen bewußt sein. Er muß sie seinem Partner gegenüber im Auge haben. Das setzt voraus, daß er sich seiner eigenen Art und Stufe bewußt ist. Nur dann wird er auch stufengemäß sehen und – auch wenn er nicht spricht – einfach dadurch, daß er in seinem Gegenüber eine bestimmte Stufe »sieht«, stufengemäß wirken können. Er wird ihn nicht in eine falsche Form einordnen, beziehungsweise ihn weder vorzeitig auf eine ihm noch nicht zustehende Stufe treiben, noch auf einer zu überwindenden festhalten.

Dieses Wirken ohne Worte bedeutet, daß der »Therapeut« in seinem Partner den inneren Meister weckt und wirken läßt. Nicht nur der Therapeut ist dazu berufen, sondern jeder, der sich in einer Situation echter und verantwortlicher Begegnung mit einem anderen befindet. Befähigt ist er dazu nur in dem Maße, als er selbst zum Schüler des ewigen Meisters geworden ist und in ihm selbst der innere Meister am Werk ist. Dann kann er auch als Meister wirken.

5. Das Exerzitium

Die »Einbeziehung des Leibes« in die Therapie und Führung auf dem Weg bedeutet auch *Exerzitium*. Unter Exerzitium ist jede Übung zu verstehen, deren Sinn die auch leibliche Transparenz für Transzendenz ist.

Personale Transparenz bedeutet Präsenz aus dem Sein und für das Sein. Der Mensch wird in vollem Maße Person erst dort, wo das Sein nicht nur unbewußt durch ihn hindurchtönt, sondern wo die Weise, da zu sein, ein aus dem Wesen heraus bewußtes Innesein reflektiert. Dieses Innesein ist immer auch das Selbstbewußtsein des Menschen, als einer zum Sein, das heißt zum eigenen Wesen hin mehr oder weniger transparenten Leibgestalt. Die bewußte Präsenz aus dem Wesen gibt es nur in einem für das Wesen durchlässigen Leib.

Das *Wesen* ist als die Weise, in der das LEBEN, das Große Leben im Menschen anwesend ist, selbst »Leben«. Dieses meint immer Bewegung und Verwandlung im ewigen Rhythmus von Werden und Wieder-Eingehen. Daher ist das Wesen im Menschen gegenwärtig nicht nur als ein ihm eingeborenes In-Bild, sondern als der ihm eingeborene In-Weg. Das »Wesen« ist das sich nur in einer Verwandlungsgestalt erfüllende, individuelle *Werdegesetz* des Menschen. In diesem Gesetz ist die Gerichtetheit auf Transparenz zugleich als Notwendigkeit, Verheißung und Verpflichtung am Werk. Der Weg zu seiner Erfüllung ist verstellt, und die das »Sein auf dem Wege« anzeigende Verwandlungsbewegung kommt zum Stillstand, wo an Stelle des Wesens das *Welt-Ich* ohne Verbindung mit dem Sein das Feld beherrscht; denn dieses Ich kreist im Erkennen wie im Tun um das, was feststeht. Sein Bleibewille hält sich in festen Ordnungen und steht jeder Verwandlung im Wege. Dagegen erscheint das sich in der werdenden Daseinsgestalt offenbarende, ewig schöpferisch-erlösende LEBEN, wenn der Mensch heil ist, im ständigen Aufgehen, Wieder-Eingehen und Neu-Aufgehen von Abwandlungen seiner Daseinsgestalt. Transparent ist die leibliche Verfassung des Menschen dann, wenn seine Daseinsgestalt diese Verwandlungsbewegung garantiert. So ist das Ziel jeder Übung, als Exerzitium verstanden, eine leibliche Verfassung, die diese Bewegung ermöglicht und gewährleistet.

Die Daseinsgestalt des Menschen als Person ist jeweils bestimmt durch die *Gesamthaltung*, den *Atem* und die dem Menschen innewohnende *Spannungsordnung*, das heißt, das in ihm lebendige Verhältnis von Gespanntheit und Gelöstheit.* In alledem sieht initiatische Therapie keine körperlichen Funktionen, sondern psycho-physisch neutrale Erscheinungsformen der Person. Wieweit Haltung, Atem und Spannung richtig oder falsch sind, hängt davon ab, wieweit sie dem personalen Grundgesetz entsprechen, also Transparenz ermöglichen oder nicht. Der Hauptwidersacher zu ihrer rechten Form erwächst ihnen aus der Vorherrschaft des Welt-Ichs. Die Festigung seines Gehäuses gehört zwar zum Weg des Menschen. Wo es sich aber absolut setzt, verhindert es die Reifung aus dem Wesen. Das Übergewicht dieses Ichs erscheint in der falschen Haltung, im flachen Atem und in einem Wechsel von Verspannung und Auflösung, der an die Stelle des rechten Verhältnisses von Gespanntheit und Gelöstheit tritt.

Das Exerzitium im Dienste der rechten Verfassung meint zu allererst die Übung zur Verankerung in der rechten *Mitte*, die Gewinnung des rechten Schwerpunktes. Er befindet sich im Raum von Becken und Bauch. Beides meint in der personalen Sicht mehr als einen Teil des menschlichen Körpers. Es meint den mütterlichen Raum der Verwandlung und die »geistige Erde«**, die jede gewordene Form in sich aufnimmt und

---

* Vgl. Dürckheim, Haltung, Atmung und Spannung als Ausdruck der zentralen Lebensform des Menschen, Festschrift für G. R. Heyer 1965.
** Vgl. C. v. Krasinsky, Die geistige Erde, Zürich 1960.

einschmilzt oder verwandelt und zu neuer Gestalt entläßt und den Menschen zugleich mit den kosmischen Mächten verbindet. So bedeutet das Gewinnen dieser Mitte zugleich die Erlösung von jeder Verhärtung im Ich und die Befreiung zu einer neuen, aus dem Wesen herauswachsenden Form. Dieses Faktum ist die Ursache für die universale Bedeutung der »Erdmitte des Menschen«, die der Japaner ›Hara‹* nennt.

Unendlich sind die Situationen, in denen der Mensch versagen kann, sei es auf der elementaren Stufe seines natürlichen *Ichs*, das um sein nacktes Leben besorgt ist, sei es auf der Stufe der Welt-*Persönlichkeit*, bei der es um Bestehen, Dienen und Lieben in der Welt geht, sei es auf der Stufe der *Person*, für die die Verwandlung und Durchlässigkeit zur Transzendenz das Entscheidende ist. Eine unter den vielen Ursachen dafür, *daß* er in einer Bewährungssituation versagt, ist aber formal immer wieder die gleiche: daß er aus seiner Mitte herausgefallen ist und ohne Verbindung mit seinem weltunabhängigen Wesen Angst hat und glaubt, alles selbst machen zu müssen. Im Bann des alles fixierenden, sich wahrenden Ichs steht ihm das, was er hat, kann und weiß, im entscheidenden Augenblick nicht zur Verfügung, denn er verstellt selbst die Kräfte der Tiefe. So erklärt sich auch die zunächst erstaunliche Tatsache, daß das Finden und Festigen des rechten Schwerpunktes (Hara) ein universelles »Heil«-Mittel ist, dessen Übung sich sowohl in der Leistungswelt wie auf dem Weg der Reifung aus dem Wesen bewährt.

Es gibt drei Widerstände, die jegliches Rechtwerden in wesensgemäßer Gestalt und jedes Heilen verhindern: Die *Verkrampfung*, das *Sich-Gehen-Lassen* und die *Abkehr*. Diese drei Gebärden verhindern oder erschweren jedes Gesundwerden, jede Überwindung einer Weltschwäche und jeden Fortschritt auf dem Wege zur Transparenz. In ihnen allen kommt die fehlende Verbindung mit dem Wesen zutage. Dies erscheint als Mangel an Vertrauen, als Mangel an Gewissen zur Form

---

* Vgl. Dürckheim, Hara, Die Erdmitte des Menschen, Weilheim/Obb., 5. A. 1972.

und als ichhafte Verhärtung in einem »Nein« zum Leben. In allen drei Fällen reflektiert der Widerstand das Verlorensein des Menschen im Welt-Ich und das Fehlen der Verbindung mit dem Wesen. Alle drei Verfehlungen erscheinen in eingefleischten Gebärden. Arbeit an der rechten Mitte meint hier die Übung zu denjenigen Gebärden, in denen sich das Vertrauen zum Grund sowohl wie das Gewissen zu der dem Wesen gemäßen Form und das Wieder-Hinfinden zum »Ja« kundtut wie auch verwirklicht.* Dies ist auch der Sinn aller personalen Leibtherapie** wie aller Übungen zur Transparenz.*** Im Spüren und Nicht-Spüren seiner Transparenz im Leibe begegnet der Mensch dem inneren Meister.

---

* Vgl. Dürckheim, Die anthropologischen Voraussetzungen jeglichen Heilens, in: Sborowitz, Der leidende Mensch, Darmstadt 1960.
** Vgl. R. Peltzer, Transparenz in der Arbeit am Leibe, in: Transzendenz als Erfahrung, O. W. Barth-Verlag, 1966.
*** Vgl. Dürckheim, Auf dem Weg zur Transzendenz, in: Überweltliches Leben in der Welt«, O. W. Barth-Verlag, 2. Aufl. 1972.

II. DER INNERE MEISTER
IN DER STIMME DER MITTE

1. »La bonne assiette«

Im Französischen gibt es eine vielsagende Redewendung. Sie lautet: »Il n'est pas dans son assiette« (Er ist nicht in seinem Sitz). Was ist damit gemeint? Nichts anderes, als daß der Betreffende nicht so recht beieinander, nicht ganz bei sich selbst, nicht so recht im Gleichgewicht ist. Er ist leicht nervös, empfindsam, verträgt schlecht Kritik, ist zerstreut, ohne rechten Halt, leicht umzuwerfen, ohne Gelassenheit – in einem Wort, nicht im Lot oder, wie man auch sagen könnte, nicht in seiner Mitte! Damit ist auch schon vielerlei von dem angedeutet, was das heißt: »In seiner Mitte sein« oder »nicht in seiner Mitte sein«. Was hat das aber mit dem »Sitz« zu tun? Was ist die »assiette«? »L'assiette« bedeutet auch »Teller« oder das *Becken*. Man kann also ebenso von einem Menschen, der nicht in seiner rechten Verfassung und Haltung ist, sagen, er ist nicht »in seinem Becken«!

Die »rechte assiette« ist zugleich ein Reiterausdruck. Der gute Reiter, so sagt man, hat eine »gute assiette«, d. h. er hat den rechten Sitz. Er sitzt richtig in seiner Mitte, im Becken. Dies erlaubt ihm echte Einfühlung mit dem Pferd und gibt ihm die aus ihr kommende sanfte Meisterschaft über das Pferd. Das Pferd fügt sich, gehorcht dem leisesten Druck. Auf der anderen Seite aber sitzt der Reiter dank dem aus der Mitte heraus möglichen und gewährleisteten Mitgehen fest im Sattel, ist nicht umzuwerfen und nicht abzuwerfen. Er sitzt fest in seiner Pferd und Reiter zentrierenden Mitte und damit in umfassendem Sinne richtig in sich selbst. Die rechte Mitte, die hier sichtbar wird, bedeutet also eine Verfassung des ganzen Menschen, in der er mit sich und der Welt im Einklang und damit zugleich der Welt in besonderer Weise gewachsen und selbst in größter Freiheit als »er selbst« da ist. Das Beispiel des Reiters zeigt, daß das »In-seiner-Mitte-

Sein« ein personales Phänomen ist, jenseits des Gegensatzes von Leib und Seele, eine Weise der Person, in der Welt zu *sein*. Je tiefer man der Besonderheit dieser Weise nachgeht, erkennt man, daß der Mensch erst dann wirklich in seiner Mitte ist, wenn er aus einem Überweltlichen heraus lebt, an dem er selbst in seinem Wesen teilhat. In der Stimme des Meisters in uns spricht diese tiefste eigentliche Mitte. Auf dem Weg zum *Weg* bemühen wir uns um sie. Ob wir in der rechten Richtung liegen oder sie verfehlen, das vernehmen wir – wenn wir wirklich angetreten sind – in kleinen Ermutigungen oder Abwehrreaktionen, in denen der innere Meister zu uns spricht.

2. *Die Welt im persönlichen und im sachlichen Aspekt*

Wir nehmen die Welt, in der wir leben, auf zweierlei Weise wahr: im sachlichen und im persönlichen Aspekt. Die Bedeutung aller Phänomene ist eine andere, je nachdem, aus welcher Sicht wir sie wahr-nehmen. So auch das der Mitte.

Im sachlichen Aspekt suchen wir die Welt so wahrzunehmen, wie sie an und für sich ist, ohne Bezug auf einen sie erlebenden, sie erleidenden und in ihr tätigen Menschen, so z. B. wenn wir sie raumzeitlich messend bestimmen. Das Ergebnis solcher Bestimmung nennen wir objektive Erkenntnis im Unterschied zu einer subjektiven Schau, die wesentlich mitbestimmt ist durch das erlebende Subjekt. Alle Naturwissenschaft sucht Welterkenntnis im objektiven Sinn, auch wenn sie am Ende entdecken muß, daß der erkennende Mensch doch immer noch im Spiel ist. Sie wird auch dann noch um objektive Erkenntnis ringen, wenn sich am Ende herausstellen sollte, daß gültige Erkenntnis letztlich nie durch Ausschaltung, sondern nur durch rechte Einschaltung des menschlichen Faktors, genauer gesagt, des *ganzen Menschen*, zu gewinnen ist insbesondere, wenn es um den Menschen selbst geht!

Der sachliche Aspekt des Lebens ist übergriffen vom persönlichen Aspekt. Das heißt: Er ist ein Aspekt unter anderen, deren der Mensch als Person fähig ist. Das Bewußtseinszentrum des sachlichen Aspekts ist das gegenständlich fixierende

Ich. Dieses ist aber nur eine Subjektform unter anderen. Von seinem imaginär »unbedingten« Ichstand aus macht das erlebende Subjekt das Erlebte zu einem Gegenstand. Das Gefüge dieser Gegenstände ist die Welt. Und wo der Mensch sich bemüht, die Welt objektiv zu sehen, sucht er sein zum Erkennen angesetztes »Zentrum«, das beobachtende, fixierende und unterscheidende Ich, möglichst von allen Eintrübungen und Störungen persönlicher Art rein zu halten, so von allen Wünschen und Befürchtungen, Hoffnungen und Sorgen, kurz von allen Gefühlen und Trieben. Der Mensch nimmt sich dann gleichsam selbst aus dem Geschehen heraus, klammert sich zugunsten des objektiv erkennenden Ichs als persönliches, liebendes und leidendes Subjekt aus, versucht sich also zu einer Art unpersönlichem Instrument »objektiver Erkenntnis« zu reduzieren. Wenn möglich, ersetzt er auch – wie der rein medizinisch orientierte Arzt – sich selbst durch eine Röntgenplatte oder ein Reagenzglas. Wer aber ist »der Mensch«, der solcherlei mit seinem fixierenden Ich zu tun vermag?

Im persönlichen Aspekt ordnet und bestimmt sich die wahrgenommene Welt im Bezug zu dem sie wahrnehmenden Subjekt. Im sachlichen Aspekt versucht der Mensch als der Erkennende diesen Bezug auszuschalten, sich selbst also als »die Mitte der Welt« zu eliminieren. Als Erkenntnis ermöglichende Mitte, auf die alles bezogen ist, fungiert ein imaginäres »objektives Bewußtsein«, das allen normalen Menschen innewohnt und im consensus omnium in die Erscheinung treten kann. Im persönlichen Aspekt dagegen bildet das erlebende Subjekt die selbstverständliche Mitte seiner Welt. Es ist die Mitte des von ihm gelebten Lebens und der von ihm erlebten Welt. Das ganze Welt- und Lebensgefüge, dessen Mitte es ist, gewinnt von ihm her seine Bestimmtheit nach Maß, Wert, Sinn und Bedeutung. Zug um Zug spiegelt das Bedeutungsrelief der persönlichen Welt das in ihrer Mitte lebende Subjekt in der Ordnung seiner Lebensanliegen wider. Und wenn das Subjekt nicht in seiner Mitte ist, gerät seine ganze Welt aus den Fugen, wie umgekehrt eine ungeordnete oder beängstigende Lebenswelt auf ein Subjekt weist, das nicht in seiner Mitte ist.

Im persönlichen Aspekt des Lebens gibt es nichts, das in seiner Bedeutungsqualität nicht auf das erlebende Subjekt hinwiese. Darum hat auch alles, wirklich alles, was wir im persönlichen Aspekt erleben, einen *physiognomischen Charakter*. Der physiognomische Charakter der Welt ist keineswegs nur ein Privileg der Kinder, Dichter und Primitiven. Auch wenn der Mensch erwachsen wird und lernt, die Welt im sachlichen Aspekt zu sehen, sie rational wahrzunehmen, und es vermag, die Spiegelungen und Projektionen, die ihn als Subjekt reflektieren, auszuklammern – die Grundform seines Erlebens bleibt die persönliche. So ist es zu verstehen, daß jeder Gegenstand: jeder Stuhl, jedes Haus, jeder Stein und jeder Riß an der Wand, Sofakissen und Teekanne, Ziegelstein oder Wolke, aber auch jeder sogenannte abstrakte Begriff – wie Haß, Gerechtigkeit, Liebe, Organisation – im persönlichen Aspekt des Lebens einen physiognomischen Charakter haben. Alles *begegnet* uns, und wir begegnen allem als einem »Wesen«, das uns in bestimmter Weise anschaut, in den verschiedenartigsten Stimmungsqualitäten anmutet und in immer eigentümlichen Stellungsqualitäten angeht, anzieht oder abstößt. Das ganze Gefüge der uns persönlich begegnenden Welt weist in all ihren Qualitäten, Bezügen, Ordnungen und Formen hin auf ihre Mitte, das erlebende Subjekt, das sich in ihnen also auch immer *selbst* begegnet. Wir Menschen sehen, was immer wir sehen, solange wir uns nicht ausdrücklich als Menschen ausklammern, menschlich, und jeder begegnet in allem, was er sieht, *zugleich* sich selbst.

Während im sachlichen Aspekt die gesuchte Wahrheit durch die Anwesenheit des persönlichen Aspekts in Frage gestellt ist (seine Funktion als Mitte des Erkennens also nach Kräften ausgeschaltet ist), wird die im persönlichen Aspekt gesuchte menschliche Wahrheit des Lebens nur in dem Maße sichtbar, als Sinn und Bedeutung all dessen, was im Umkreis des Erlebenden sich befindet, von ihm her und auf ihn hin verstanden wird. Auch der sachliche Aspekt selbst und alles, was in ihm wahrgenommen wird, hat seinen Platz im Rahmen der persönlichen Sicht und also in ihr auch seine ganz bestimmten Gefühlsqualitäten. So hat z. B. alles objektiv Wahrgenommene den Charakter einer bestimmten Distanz. Es liegt in einer »kühlen« Sphäre. Ja, das Wort »sachlich« hat selbst einen ganz bestimmten Gefühlswert, hat seine bestimmte Farbe im Gesamtbild des persönlichen Aspektes, und auch das sachlich Bestimmte bewahrt im Erleben eine »persönliche« Qualität.

Das, was der Mensch hört, sind keine »Schwingungen«, sondern Töne, es sind Rhythmen und keine Schwingungsverhältnisse, Melodien und keine abstrakten, zahlenmäßig zu bestimmenden Ordnungszusammenhänge (obwohl er im sachlichen Aspekt solcherlei entdecken und abstrahieren kann und dieses auch in einen bestimmten Bezug zum Erlebten zu bringen vermag). Ebenso wenig sieht, schmeckt und spürt der Mensch das, was er im sachlichen Aspekt aufgrund begrifflicher bzw. messender Abstraktion denkend wahr-nimmt. Er erlebt vielmehr immer eine von Gefühlsqualitäten geladene Welt, die ihn fördert oder gefährdet, lockt oder zurückstößt, beglückt oder zur Verzweiflung bringt, erfüllt oder leer ausgehen läßt, und all dies als Gegenform zu der Form, in der er sich selbst in der Welt erlebt und darlebt. So hängt letzten Endes alles davon ab, um was sein Leben kreist und in welcher Verfassung er sich selber befindet, und diese wiederum hängt davon ab, ob und in welchem Sinne der Mensch in seiner Mitte ist. Und hierfür ist er selbst verantwortlich.

Im sachlichen Aspekt des Lebens bezeichnet das Wort »Mitte« ein räumlich bestimmbares Zentrum. Es ist ein Punkt, auf den hin und von dem her alles andere auf seinem Platz »im Kreise« ist, d. h. sich in bestimmter Weise herum-ordnet. Der Punkt in der Mitte ist das alle Ordnung bestimmende Zentrum, der Umkreis ist seine Peripherie. Diese ist das Außen gegenüber dem Punkte mittendrin. Er ist die Mitte des Kreises, und wo Bewegung ist, dreht sich alles um die Mitte herum im Kreise.

Spricht man von Mitte im persönlichen Aspekt, so meint das nicht das Zentrum einer räumlich bestimmbaren und meßbaren Ordnung. Trotzdem finden sich alle mit Bezug auf räumliche Ordnung gebrauchten Begriffe wieder, aber mit

einem neuen, persönlichen Sinn. Dann bedeutet »Mitte« das, was im Zentrum des persönlichen Lebens und Erlebens steht, das, worum das Leben des Subjektes kreist. Und das ist vor allem erst einmal dieses Subjekt selbst.
Das personale Subjekt ist die Mitte seiner Welt. Alles zu ihr Gehörige hat die Wurzel sowie das Ordnungsprinzip seiner Bedeutung in ihm. Das Ordnungs- und Bedeutungsgefüge der Welt, die persönliche Wirklichkeit, in der jeder von uns lebt, liebt und leidet, spiegelt in den Gestalten seiner hierarchischen Ordnung, seiner inhaltlichen Bestimmtheit, in seinen Qualitäten und Spannungen, seinen Flächen und Tiefen, seinen Chancen und Gefahren, seinem Sinn und Unsinn, Zug um Zug die Gestalt, die Positionen und die Lebensanliegen des es tragenden Subjektes wider. So auch wird z. B. »die volle Bedeutung der Raumsymbolik für die Menschenkunde erst dadurch erschlossen, daß auch die philosophische Anthropologie den Bauplatz der aufrechten Leibesgestalt als ihr verbindlich vorgegebenes Urbild erkennen läßt«.*

Für den Weg zum wahren, für Transzendenz offenen, von ihr geprägten und zeugenden Selbst ist eine Unterscheidung von wesentlicher Bedeutung: die Unterscheidung zwischen der dem natürlichen Ich, der gewöhnlichen Persönlichkeit zugeordneten Wirklichkeit und einer anderen, die ihren Horizont überschreitet, transzendiert. In der Regel werden die beiden Wirklichkeiten unterschieden als die menschliche und die übermenschliche Welt, die natürliche und die übernatürliche, die Erd- und die Himmelswelt. Die letztere überschreitet die anderen, hat daher einen anderen Rang. Im Erleben ist sie das Reich, das uns in numinosen Qualitäten anrührt. Es ist dem Menschen gegeben und aufgegeben, die beiden Welten zu unterscheiden, sich mehr in der einen oder der anderen zu beheimaten. Letztlich aber ist ihm aufgegeben, die beiden in sich zur Integration zu bringen. Die beiden Welten sind innerhalb der persönlichen Begegnungswirklichkeit des Menschen. Sie entspringen den zwei Wurzeln des menschlichen Lebens: dem Welt-Ich und dem Wesen!

---

* Vgl. A. Vetter, Personale Anthropologie, Aufriß der humanen Struktur, Freiburg/München, 1966, S. 15.

3. Die drei Grundanliegen des Menschen

Wenn wir auch wissen, daß der Mensch als persönliches Subjekt jeweils die Mitte seiner Welt ist, um die sich insgeheim oder bewußt alles immer auch dreht, dann ist damit noch nichts darüber ausgesagt, was es bedeutet, daß ein Mensch, der selbst die Mitte seiner Welt ist, seinerseits in seiner Mitte steht. Die Einsicht in die Grundanliegen, um deren Erfüllung menschliches Leben immer kreist, ist die Voraussetzung zur Beantwortung der Frage: »Wann ist der Mensch in seiner Mitte?«

Was immer auch das Leben eines Menschen im großen und kleinen bestimmen mag – unendlich sind ja die Verschiedenheiten der menschlichen Leben –, so kreist menschliches Leben doch immer um drei Grundanliegen. Sich dieser drei Grundanliegen bewußt zu werden, gehört an den Anfang des Weges.

Das erste Anliegen des Menschen ist es, zu *leben*, ganz einfach zu leben und Tag um Tag zu *über*leben. Sobald dieses Anliegen in Frage gestellt ist, Lebensgefahr droht oder auch nur eine Beeinträchtigung oder Verunsicherung des Lebens eintritt, ist das ganze Bedeutsamkeitsfeld beschattet. Das ganze Leben steht dann im Zeichen der Sorge, der Furcht, der Angst oder gar des Schreckens. Der Mensch kommt leicht ins Zittern und gerät mehr oder weniger aus dem Lot. Dort aber, wo dies erste Anliegen erfüllt ist, Leben und Überleben sichergestellt – also keine Sorge da ist – und der Mensch außer Gefahr, kommt er wieder ins Lot, schwingt er gleichsam immer wieder auf sich, in seine Mitte, zurück. Aber was ist »seine Mitte«? Wenn ihn nichts stört, fühlt er sich wohl in seiner Mitte. Aber ist er dort, wo er sich in seiner Mitte fühlt, wirklich in seiner Mitte?

Das zweite Anliegen des Menschen ist, nicht nur überhaupt zu leben, oder zu überleben, sondern *sinnvoll* zu leben. Sinnvoll erscheint das Leben dort, wo es übersehbar dem eigenen Gesetz entspricht und stimmige, gültige Lebensgestalt ermöglicht. Alles persönliche Leben kreist um sinnvolle Gestalt, um Ordnung, Gerechtigkeit, mögliche Vollendung, Gleichgewicht und Harmonie in der Ruhe wie in der Bewegung, in der Arbeit wie in der Muße, mit Bezug auf die eigene Person und ihre »Gestalt« wie mit Bezug auf ihre Stellung und Rolle in der Welt. Wo solches gesichert erscheint, fühlt der Mensch sein Leben im Lot, wo es ihm versagt wird, verliert das Leben seinen Sinn. Es ist unstimmig, wird langweilig, leer, ärgerlich, absurd und treibt schließlich zur Verzweiflung. Wo immer die Ordnung gestört ist oder der Zweifel an der Möglichkeit, sinnvoll zu leben, aufkommt, gerät das ganze Bedeutungsgefüge des Lebens ins Schwanken, das Weltgebäude bekommt Risse, droht zusammenzubrechen. Dann scheint es der Mitte beraubt, die sein Gefüge zusammenhielt.

Das dritte Anliegen des Menschen zielt auf *Gemeinschaft*. Der Mensch ist dialogisch gebaut. Er bedarf des Du. Er kann nicht in totaler Einsamkeit leben. Und auch wo er erwachsen wird und reift und sich als einzelner und besonderer aus dem Kollektiv ursprünglicher Gemeinschaft herauslöst, sucht er doch wieder die Verbindung. Er bedarf der Liebe, der Geborgenheit, des Aufgehobenseins in einem ihn umgreifenden Ganzen. Solange das fehlt, kommt er nicht recht zu sich, und insgeheim oder bewußt dreht sich alles darum, daß es da sei. Fehlt es, dann hat das Leben keine rechte Mitte.

Diese drei Grundanliegen, die das Leben des Menschen in Atem halten, repräsentieren somit zusammen zugleich auch die ihn bewegende lebendige Mitte. Sie sind die lebendigen Wurzeln, die Antriebskräfte und auch die Regulationsprinzipien all seines Tuns und Lassens. In dem Maße, als die drei Grundanliegen erfüllt sind, fühlt sich der Mensch im Gleichgewicht und mehr oder weniger bei sich selbst, d. h. in seiner Mitte, und das Leben scheint in Ordnung. Aber jede Gefährdung der Erfüllung eines der drei Grundanliegen stört das Gleichgewicht, scheucht ihn auf, bringt ihn aus der Fassung. Jedoch: wenn auch die drei Grundanliegen die Mitte sind, insofern menschliches Leben bewußt oder unbewußt um sie kreist, der Mensch also zentral von ihnen bestimmt ist und sich, wenn sie erfüllt sind, auch gelegentlich in seiner Mitte *fühlt* – so bedeutet dies doch noch nicht, daß er damit schon in »seiner Mitte« *ist*.

4. Die Dreieinheit des Seins als Mitte des Menschen

In den drei Grundanliegen des Menschen – zu leben, sinnvoll zu leben und in Gemeinschaft zu leben – bekundet sich in der Sprache menschlichen Daseins die Dreieinheit des überweltlichen Seins: Das Sein als ungeschiedene *Fülle*, inbildliche *Ordnung* und alldurchwaltende *Einheit*. Wird das Sein zur Erfahrung – in Sternstunden des menschlichen Lebens oder fortschreitend öfter auf dem inneren Weg – dann bekundet es sich als das Große Leben im kleinen Leben, als Transzendenz in der Immanenz, als überweltliche Wirklichkeit in der Welt, als das Unbedingte im Bedingten, als das *Wesen* im Selbst. Unter »Wesen« verstehen wir die Weise, in der das göttliche Sein im Menschen anwesend ist und je in der Sprache seiner Individualität zum Offenbarwerden drängt.

Die Dreieinheit des Seins erscheint in allem, was lebt, in Pflanze, Tier und Mensch, je in der Sprache des besonderen Wesens. Immer aber bekundet die Fülle sich als *Kraft* zu leben, die Ordnung als das innewohnende *Gesetz* und der eingeborene Weg zu bestimmter *Gestalt*, die Einheit als das beseelende Prinzip übergreifend verbindender *Ganzheit*. Wo die Bekundung des Seins im Dasein behindert ist, befindet sich das Lebendige – statt in der Kraft – in der Schwäche und Ohnmacht. Anstelle wesensgemäßer Gestalt steht Entstellung und Abwegigkeit, anstelle verbindender Ganzheit Isolierung oder Zerfall. Wo Sein sich im Menschen erweisen kann, erfüllt ihn die *Lust* am Leben, die *Freude* an der tätigen oder hinnehmenden Teilhabe an sinnvollen Gebilden und Werten und das *Glück* der Einswerdung in der Liebe.

Wo das Sein sich nicht offenbaren kann, herrschen *Angst*, *Verzweiflung* und *Einsamkeitsnot*. Aus alledem wird deutlich, *daß die geheime Mitte, um die sich im Grunde alles menschliche Leben dreht, das Offenbarwerdenkönnen und Offenbarwerdenwollen des Seins im Dasein ist. Und so ist der Mensch erst dann in seiner wahren Mitte, wenn das in seinem Wesen anwesende göttliche Sein in ihm und durch ihn offenbar werden kann als tragende Kraft, sinnerfüllende Gestalt und schöpferisch-erlösende Liebe.*

Das Offenbarwerden des Seins im menschlichen Dasein ist der alles Leben beseelende Drang, dessen Erfüllung dem Leben Bestand, Sinn und Wert gibt; aber nicht nur der alles beseelende Drang, sondern auch das innerste Sollen und die tiefste Sehnsucht. In allen Religionen der Erde wird das Sein in seiner Dreieinheit in den Attributen der Gottheit verehrt. So im Christentum als Offenbarung von Macht, Weisheit, Güte des Vatergottes. Sie erscheinen in den drei Schätzen des Buddhismus: Buddha, Dharma (das Gesetz), Samgha (Gemeinschaft der Jünger), in den drei Insignien der Gottheit im Shinto: Schwert, Spiegel und Edelsteinkette etc. . . .

Was immer der Mensch in seinen Götterbildern als das »Höchste« verehrt, ist die in ihnen sich spiegelnde, aber im eigenen Inneren erfahrene Dreieinheit, also das »Tiefste«, was er in gnadenvollen Stunden in sich selbst als transzendente Wirklichkeit wahr-nimmt: die unbegreifliche Fülle eben einer überweltlichen Kraft, Sinnhaftigkeit und Liebe, die seinem Wesen inhärent sind; seinem »Wesen«, d. h. der individuellen Weise, in der in ihm das Sein anwesend ist. Der Fortschritt seines personalen Werdens zeigt sich im Wandel der Ebene und der Bedingungen, unter denen der Mensch die Zeichen des dreieinigen Seins – Kraft, Sinn und Geborgenheit – zu erfahren, in ihnen seiner wahren Mitte innezuwerden und aus ihr heraus zu leben vermag.

Wo das *Leben* ins Innesein tritt, spricht es zum Menschen in diesem oder jenem Aspekt seiner Dreieinheit – erlösend oder verpflichtend, befreiend oder bindend, erhebend oder niederschmetternd – immer aber als der innere Meister, d. h. als eingeborener *Weg*. Der Fortschritt auf dem Weg hängt ab von einer Bewußtseinserweiterung, dank der das Sein fortschreitend als Transzendenzerfahrung ins Innesein treten und den Menschen von Grund auf verwandeln kann. Die entscheidende Schwelle, jenseits derer erst die eigentliche Mitte, das Sein selbst, im Bewußtsein des Menschen als *seine* Mitte aufgehen kann, ist die Überwindung derjenigen Bewußtseinsstufe, in der der Mensch unter der Herrschaft seines natürlichen Ichs steht, das sich im gegenständlichen Erkennen, technischen Meistern und in festliegenden Werten und Lebensordnungen bewegt. Seine statische Sicht widerspricht der Dynamik des Seins, und indem dies Ich aus seiner Bewußtseinsenge heraus auch das Große Leben, das Sein selbst, zu einem Gegenstand macht, verfehlt der Mensch das »Wesen«.

5. Dreierlei Selbstbewußtsein

Ob und in welchem Grad sich der Mensch nicht nur in seiner Mitte *fühlt*, sondern auch in seiner Mitte *ist*, zeigt sich in der Art seines *Selbstbewußtseins* und an dem Maß, in dem es bedingt oder unbedingt ist. Selbstbewußtsein gibt es in dreierlei Sinn. Darin kommt die Dreieinheit des Seins in der Sprache des Selbstbewußtseins zum Ausdruck. Selbstbewußtsein gibt es als Selbst-*Kraft*bewußtsein, als Selbst-*Wert*bewußtsein und als Selbst-*Wir*bewußtsein.

Das *Selbst-Kraftbewußtsein* ist ein Ausdruck der Gewißheit, daß letztlich nichts einen umwerfen kann. Es ist das Gefühl, allem gewachsen zu sein, was immer auch an Gefahr drohen mag. Man wird schon damit fertig werden, es irgendwie bewältigen. Es ist die Zuversicht, daß, falls etwas einen umwirft, irgendwie beeinträchtigt oder wesentlicher Dinge beraubt, die Kraft da ist, es wieder auszugleichen, sich zu erneuern und die ursprüngliche Lage wiederherzustellen. Bei solchem Kraftbewußtsein ist jede Gefährdung Gelegenheit, die eigene Kraft zu erweisen und also als solche nicht gefürchtet, sondern willkommen. Das alles bedeutet eine große Sicherheit, gegründet auf Vertrauen in die eigene Kraft und bildet die Grundlage eines Lebens ohne Angst.

Selbstbewußtsein als *Selbst-Wertbewußtsein* ist Ausdruck der Gewißheit, daß es in der Welt mit rechten Dingen zugeht, so daß man auch selbst in ihr und mit ihr einen sinnvollen Platz im Rahmen des Ganzen ausfüllt und daß, weil das Ganze in Ordnung ist, auch am Wert der eigenen Person und an der Gültigkeit der eigenen Existenz nicht zu zweifeln ist. Der Mensch ist voll guten Glaubens und fern aller Verzweiflung.

Selbstbewußtsein als *Selbst-Wirbewußtsein* ist Ausdruck der Gewißheit dafür, daß man im Ganzen des Lebens wohl aufgehoben ist, daß man »dazugehört«. Man fühlt sich niemals draußen, ist überzeugt, daß man geliebt wird, und daß die Liebe, die man für den anderen empfindet, angenommen und auch erwidert wird. Es ist das Gefühl, daß das Leben eine ganz selbstverständliche Gemeinschaft ist und sich auch überall letztlich als solche bewährt. Es herrscht das beglükkende Gefühl des Einsseins mit sich und der Welt. Nicht nur die Natur, sondern vor allem die Mitwelt, die Gemeinschaft der Mitmenschen, ist bergender Raum einer mit Selbstverständlichkeit möglichen Selbstentfaltung. So kann man sein, wie man ist, ohne Scheu; man lebt aus einem Allgeborgenheitsgefühl. Das Gegenteil ist das Leben mit der ständigen Frage: Gehöre ich dazu? Werde ich geliebt? Droht nicht in jedem Augenblick der Ausschluß?

Der Mensch *fühlt* sich in seiner Mitte, wenn sein Selbstbewußtsein in keiner dieser drei Hinsichten gestört ist. Er fühlt sich nicht in seiner Mitte in dem Maße, als es gestört ist. Aber die Antwort auf die Frage, wie weit er dann auch in seiner Mitte *ist,* erfordert eine differenziertere Betrachtung im Hinblick darauf, daß das dreifache Selbstbewußtsein auf sehr verschiedenen Ebenen dasein oder fehlen kann. Zum mindesten drei Ebenen sind zu unterscheiden: die Ebene des naiven Selbstbewußtseins, das Selbstbewußtsein auf der Stufe des entwickelten – zugleich aber auf seinen Horizont beschränkten und auf seine eigenen Kräfte bauenden Welt-Ichs – und das Selbstbewußtsein auf der Stufe des zur Erfahrung des Seins und zur Integration seines Welt-Ichs mit dem Wesen gelangten Selbstes. So muß man unterscheiden: das noch ungebrochene, naive Selbstbewußtsein des *Kindes* vom Selbstbewußtsein aufgrund der Kraft, der Gaben und der Fertigkeiten der in ihrer Position in der Welt gewachsenen *Ich-Persönlichkeit* und dieses wiederum von dem Selbstbewußtsein des zur Transzendenz hin transparent und also zur *Person* gewordenen Menschen. Die Kraft zur Unterscheidung der drei Ebenen des Selbstbewußtseins wächst mit dem Fortschreiten auf dem inneren Weg.

6. Kindliches Selbstbewußtsein

Das Selbstbewußtsein des ungestörten Kindes erscheint in einer naiven Selbst- und Lebenssicherheit, die noch ungebrochen, unreflektiert und noch durch keinerlei Einbrüche von der Welt her gefährdet ist. Hier herrscht noch das natürliche *Urvertrauen* in die tragende Gesichertheit des Lebens. Ebenso selbstverständlich obwaltet hier ein *Glaube*, daß alles in Ordnung und man selbst nie in Frage gestellt ist. Endlich herrscht hier das Bewußtsein einer fraglosen und unbedingten, in der liebevollen Zuwendung der Nächsten sich bekundenden *Geborgenheit* des Lebens. Hier sind Selbst-, Welt- und Lebensbewußtsein noch eins. Urvertrauen, Urglaube und Urgeborgenheitsgefühl sind Ausdruck noch ungestörter Verbundenheit mit dem Sein. Das Wesen ist noch nicht vom Welt-Ich verstellt. Die Ungestörtheit kindlichen Lebensbewußtseins währt solange, bis irgend ein unerwartetes Ereignis die Urverbundenheit »anknackst« oder sie durch irgend etwas »Schreckliches« unterbricht. Hier vollziehen sich die Dramen der frühen Kindheit, vor allem dort, wo die Schlüsselfiguren die selbstverständlichen Urerwartungen auf Sicherheit, sinnvolle Entsprechung und Geborgenheit enttäuschen, in denen die lebendige Dreieinheit des Seins sich im kindlichen Bewußtsein bekundet. Die Ungebrochenheit des kindlichen Lebensgefühls ist Ausdruck dafür, daß die Urverbundenheit mit dem Sein im Bewußtsein des Kindes das auf der Basis des werdenden Ichs sich bildende Welt-Gefühl noch übergreift. Im Verhältnis zwischen dem sich ablösenden Ich und der Verwobenheit mit dem Sein überwiegt noch die Urverbindung. In dem Maße, als dies der Fall ist, ist der Mensch noch *in* seiner ursprünglichen Mitte, so daß auch die kleinen Erschütterungen vom Grund her aufgefangen und ausgeglichen werden. Glücklich der Mensch, bei dem die Entwicklung des Welt-Ichs in bleibender Verbundenheit mit dem Seinsgrund erfolgt.

7. Das Selbstbewußtsein des Welt-Ichs

Mit der Entwicklung des Welt-Ichs stellt der Mensch sich sozusagen fortschreitend auf eigene Füße. Er hat dies um so mehr und um so schneller zu tun, als frühkindliche Enttäuschungen ihm die Erfüllung seiner Urerwartungen versagten und zum Teil auch versagen mußten, sowie sein Urvertrauen, seinen Urglauben und sein ursprüngliches Geborgenheitsgefühl verblassen ließen. Von nun an hängt sein Selbstbewußtsein von der Entfaltung seiner eigenen Kraft, das Leben zu meistern, ab. So auch fühlt sich der Mensch im Leben sicher, im Lot und fähig, das Gleichgewicht zu halten, nicht mehr nur aufgrund dessen, was er eigentlich, d. h. vom Wesen her, ist, ein im Grunde nie entlassenes Kind des Seins, sondern fortan mit Bewußtsein nur im Verlaß auf sein Welt-Ich. Damit aber hängt sein Leben und Überleben nun weitgehend von »Bedingungen« ab: einerseits von der Welt, andererseits von dem, was er selbst hat, kann und weiß. Aber nicht nur das Selbst-Kraftbewußtsein, sondern auch das Selbst-Wert- und das Selbst-Wirbewußtsein hängen dort, wo die Urverbindung mit dem Sein aus dem Innesein des Menschen zu schwinden beginnt, von Bedingungen ab, die *in der Welt* liegen, sowie von der Fähigkeit, sie zu meistern oder ihr zu entsprechen.

Das *Selbst-Kraftbewußtsein* hängt auf der Stufe, die vom Welt-Ich beherrscht ist, ab von dem, was der Mensch *hat, kann* oder *weiß.* Er fühlt sich im Gleichgewicht und seiner Mitte verbunden in dem Maße, als sein Leben gesichert ist d. h. seine Fähigkeiten den Weltforderungen entsprechen, sein Besitz außer Gefahr und seine Macht gefestigt ist. Solches mag sich auf die Gesundheit beziehen, auf den finanziellen Hintergrund, auf die Position in der Welt, auf die Überlegenheit des Wissens und Könnens oder auf die Zuverlässigkeit seiner Lebensgenossen. Immer bezieht sich das Sicherheitsgefühl hier auf die bewältigte Gefährlichkeit und Bedingtheit des Lebens. Das Gefühl, dem Leben gewachsen zu sein, beruht auf den eigenen Kräften oder zuverlässigen Weltverbindungen. Scheinen sie auszureichen, so kommt ein Gefühl der Beruhigtheit auf. Und dies Bewußtsein, der Welt gewachsen zu sein, erlaubt es dem Menschen, wenn auch immer nur vorübergehend, sich bei sich selbst zu fühlen, so als vermöchte er nun aus seiner Mitte zu leben. Da aber letztlich immer Unerwartetes droht, dem man nicht gewachsen ist, irgendwann einmal Krankheit einbricht und mit Gewißheit das Ende, der Tod, auf uns zukommt, ist das Ganze doch immer auf Sand gebaut. So verläßt eine heimliche Unruhe und Sorge, die Furcht vor etwas Unbestimmtem, den Menschen nie völlig. Eine nie ganz weichende Angst vor etwas nicht Gekanntem schwingt mit und straft das Gefühl, »in seiner Mitte« zu sein, Lügen. Wohl fühlt der Mensch das Tor zur eigenen Mitte geöffnet, wo er sich mit seinem Haben, Wissen und Können den Forderungen der Welt überlegen weiß; aber insofern dieses »Aus der eigenen Mitte leben dürfen« durch weltliche Faktoren bedingt ist, ist es eben nicht unbedingt. Der Mensch *fühlt* sich zwar, wo bestimmte Weltbedingungen erfüllt zu sein scheinen, vorübergehend in seiner Mitte. Aber er *ist* noch nicht in seiner Mitte.

Auch das *Selbst-Wertbewußtsein* — wie das damit zusammenhängende, den Glauben begründende Gefühl, daß das Leben letztlich doch sinnvoll und die Welt in Ordnung sei — hängt, wo der ursprüngliche Glaube des Kindes verblaßt, auf der Stufe des Welt-Ichs ab von bestimmten Weltbedingungen, insbesondere davon, daß man den Sinn des Geschehens irgendwie *einsehen* kann. Die Welt, in der man lebt, muß irgendwie »stimmig« sein, jedenfalls nicht unverträglich mit dem, was man unter Gerechtigkeit und Sínn versteht. So ist das Selbst-Wertgefühl hier auch abhängig von Verstandenwerden, Anerkennung und Wertschätzung durch die Welt. Wo eines der drei in Frage gestellt ist, bemächtigt sich des Menschen sogleich eine gewisse Unsicherheit. Automatisch schleichen sich Zweifel in das Gefühl des eigenen Wertes ein, und das drohende Minderwertigkeitsgefühl bringt zum Ausgleich ein entsprechendes Geltungsstreben hervor. Dann ist das natürliche Gleichgewicht verloren, die Gelassenheit dahin. Der Mensch ruht nicht mehr in sich, fühlt sich nicht in seiner Mitte, sein Selbstbewußtsein ist gestört. In dem Maße, als der Mensch auf der Stufe der auf die Welt bezogenen Persönlichkeit die Urverbundenheit mit dem Sein aus seinem Bewußtsein verlor und noch nicht wiedergefunden hat, macht ihn das Gefühl, von der Welt nicht anerkannt zu sein, nicht den Platz zuerkannt bekommen zu haben, der ihm gerechterweise gebührte, krank. Dieser Verlust des Glaubens an Sinn und Gerechtigkeit wirft ihn aus seiner Mitte. So fühlt der Mensch sich hier vorübergehend nur dann in seiner Mitte, wenn er sich von der Welt so gesehen, gewertet und behandelt sieht, wie es ihm entspricht. Aber so, wie die Welt nun einmal ist, steht diese Art Selbst-Wertgefühl auf schwankendem Boden, und so kann man fragen: *Ist* der Mensch, dessen Selbstgefühl und Lebensglaube davon abhängen, daß er sich anerkannt, richtig placiert weiß, und den Sinn von allem einsieht, wirklich jemals in seiner Mitte?

Das *Selbst-Wirbewußtsein* des Menschen hängt auf der Ebene der Befangenheit im Welt-Ich ab vom faktischen Vorhandensein eines Du oder einer bergenden Gemeinschaft. Gewiß, es gibt hier – wie auch beim Selbst-Kraftbewußtsein und beim Selbst-Wertbewußtsein – ein Selbstbewußtsein ganz naiver Art, das auch durch gegenteilige Erfahrungen nicht gestört werden kann, dort nämlich, wo das vom Ursprung her vorhandene Verankertsein im Sein die Kindheit überlebt hat. So gibt es den Menschen, der in ganz naiver Weise das unerschütterliche Gefühl hat, überall willkommen zu sein, dazuzugehören und von allen geliebt zu sein. In einer geradezu rührenden Taktlosigkeit dringt er auch in geschlossene Kreise ein und erzwingt Nähe, auch wo sie ihm in keiner Weise zugedacht ist. Wo aber das Selbstbewußtsein seiner primären Wurzeln im Sein verlustig ging, hängt das Selbst-Wirbewußtsein vom Vorhandensein einer wirklichen Gemeinschaft ab. Wo diese fehlt oder durch den Tod des geliebten Menschen aufhört, oder ein unerwarteter Ausschluß aus der Gemeinschaft erfolgt, der er sich zugehörig fühlte, wird Leben unmöglich. Hier irrt der Mensch, seiner Mitte beraubt, wie im Leeren umher, so, als sei ihm sein eigenes Selbst abhanden gekommen. Wo dagegen echte Geborgenheit in der Familie herrscht, eine harmonische Ehe gelebt wird, eine auf wechselseitigem Vertrauen beruhende Zugehörigkeit zu einer Gemeinschaft besteht, in der er persönlich aufgenommen und geliebt ist, Zugehörigkeit also ausdrücklich gesichert und bezeugt erscheint, da hat der Mensch das Gefühl, er selbst sein zu dürfen. Dann fühlt er sich im Gleichgewicht des Lebens, geborgen und gleichsam in seiner Mitte bejaht. Und im Kreise der Seinen fühlt er sich auch in seiner eigenen Mitte. Aber *ist* er hier wirklich schon in seiner Mitte? Nein, denn auch diese Mitte ist noch bedingt, sie hängt von den Umständen ab. Die echte Mitte des Menschen müßte unbedingt sein, ein Zeichen der Verankerung im Absoluten. Ist ein Mensch wirklich »Schüler auf dem Weg«, dann werden ihm Schwankungen seines Selbstbewußtseins zu Zeichen einer Abwegigkeit und verwandeln sich unwillkürlich zur Stimme des inneren Meisters, die ihn heißt, sein Selbstbewußtsein woanders zu verankern!

8. Das Selbstbewußtsein aus dem Wesen

Es gibt die Erfahrung eines *tieferen Selbstbewußtseins*, das Selbstbewußtsein aus dem *Wesen*. Dies bewährt sich paradoxerweise gerade dort, wo alle Bedingungen fehlen oder vernichtet sind, die für das zur Stufe des Welt-Ichs gehörende Selbstbewußtsein erforderlich sind. Zeugnis dafür sind vor allem die drei »Großen Erfahrungen« des Seins, gerade in Augenblicken, in denen der Mensch den Zusammenbruch seiner normalen Lebensvoraussetzungen erlebt. Es gibt die Erfahrung, darin der Mensch auch und gerade angesichts des unausweichlich herannahenden Todes eines *Lebens* inne wird, im Unsinn der Welt einen tiefen *Sinn* verspürt und in der Verlassenheit durch die Welt eine tiefere *Geborgenheit* zu erleben vermag, die nicht von dieser Welt sind. Hier ist dann Sein ins Innesein getreten – und darum zieht ausgerechnet dort, wo höchste Angst natürlich wäre, ein übernatürliches Vertrauen ein; ausgerechnet dort, wo die Begegnung mit dem Absurden zur Verzweiflung treiben müßte, bricht ein neuer Glaube auf und dort, wo die höchste Einsamkeitsnot Leben unmöglich machen müßte, wird eine unbegreifliche Aufgehobenheit erfahren. Aber was ist hier geschehen? Welcher Meister-Weisheit ist hier bewußt oder unbewußt gefolgt worden? Keiner anderen, als der, die es wagt, Vernichtung anzunehmen und alle Ansprüche des Welt-Ichs auf Sicherheit, Sinn und Geborgenheit fallen zu lassen. Wo das Ich dann an den Grenzen seiner Kraft und Weisheit eingeht, geht das Wesen auf! Aus solchen Erfahrungen wächst ein tieferes Selbstbewußtsein, das unabhängig ist von dem, was der Mensch dank bestimmter Weltbedingungen zu leisten, zu begreifen oder zu meistern vermöchte. Es gibt ein Stehen in einer überweltlichen *Kraft inmitten der Schwäche*, das Erlebnis einer überweltlichen *Klarheit inmitten der Dunkelheit der Welt* und einer überweltlichen *Geborgenheit* in einer unbegreiflichen Liebe *inmitten der Lieblosigkeit dieser Welt*. Erst dort, wo solches »einzieht ins Gemüt«, da und nirgends anders ist der Mensch in die Fühlung mit seiner eigentlichen Mitte gelangt. Sie ist also nichts anderes als das sich inmitten der Bedingtheit der Welt treu bewährende Wesen, in dem das Unbedingte, das überraumzeitliche Sein in uns anwesend ist. Wenn der Mensch dies Offenbarwerden des Seins im Dasein in besonderen Erlebnissen wirklich einmal erfahren hat, dann kann die zunächst verborgene Mitte zur *bewußten* Mitte seines personalen Lebens werden, und jede Abweichung von ihr kann, wenn der Mensch auf dem Weg hellhörig geworden ist, die Stimme des Meisters erwecken. Dann erst kann sich in einem Menschen fortan alles bewußt, verantwortlich und frei um das drehen, worum alles Lebendige unbewußt kreist: *daß sich in ihm und durch ihn das göttliche Sein bekunde in der Welt*. Beim Menschen bedeutet dies, daß sich in seinem Kämpfen, Gestalten und Lieben in Dauerfühlung mit der Transzendenz seine personale Individualität immer bewußter zum Zeugen der Fülle, Gesetzlichkeit und Einheit des göttlichen Seins entfaltet. Wo einer in dieser Weise in seine Mitte gelangt ist, fallen zusammen: die gewaltigste Triebfeder, das tiefste Sollen und die übergreifende Sehnsucht in *einer* Bewegung, die sie alle drei erfüllt.

9. Die Mitte: Das im Wesen anwesende Sein

Das eigentlich und wahrhaft wirkliche, weil alles bewirkende Zentrum, die ursprüngliche und eigentliche Mitte alles Lebendigen, ist das in ihm verkörperte und zum Offenbarwerden in je bestimmter Gestalt drängende göttliche Sein. Die Mannigfaltigkeit des lebendigen Daseins dieser Welt bringt das Sein in der Vielheit individueller Gestaltformeln zur Erscheinung. Das *Inbild* jeder unter den Bedingungen von Raum und Zeit sich bildenden Gestalt ist der ihr eingeborene *Inweg*, ihr Werde-Gesetz, demgemäß sie in einer bestimmten Folge von Schritten und Stufen sich entfaltet, vollendet und wiederum eingeht, im Entwerden Frucht bringt: den Keim zu neuem Werden. Dieser Inweg ist die jedem Lebendigen eingeborene *wirkende* Mitte seines Daseins. So auch ist der Mensch als Bewußtseinswesen in seiner eigentlichen Mitte erst dort, wo ihm sein Inweg aufgegangen ist, aufgegangen als seine eigentliche Wahrheit und als sein eigentliches Sollen, und wo er fähig geworden ist, diesen Weg zu gehen, und wo Abweichungen vom Weg das Seins-Gewissen wecken, d. h. in der Stimme des inneren Meisters bewußt werden. Der Mensch ist in seiner Mitte also erst dann, wenn er endgültig auf den Weg gelangt ist.

Dem Menschen ist es gegeben und aufgegeben, die Mitte allen Lebens und so auch seine eigene Mitte nicht nur, wie alles Lebendige sonst, unbewußt in sich wirken und walten zu lassen, sondern sie bewußt werden zu lassen und ihr Wirken in die Verantwortung eigenen Mitgestaltens zu nehmen. Ihm ist es gegeben, nicht nur wie alles Lebendige im Sein zu leben, sondern mit Bewußtsein aus dem Göttlichen Sein, als seiner wahren Mitte, heraus zu leben und seinen Drang zum Offenbarwerden in der Welt als Gewissen zu erleben.

Das Bewußtsein dieses Seins ist keineswegs schon mit dem natürlichen Welt-Ich gegeben, und das Innesein des Seins mitten im Dasein des Menschen ist nicht selbstverständlich. Die Seinserfahrung ist vielmehr ein zuerst durch das Ich-Weltbewußtsein verstelltes Ereignis besonderer Art. Erst das Leiden an der Verstellung des Seins, dessen Offenbarwerden das geheime Grundanliegen des Bewußtseinswesens Mensch ist, macht den Menschen sehnsüchtig und bereit, zu gegebener Stunde das Aufgehen bzw. Durchbrechen des Seins in seinem Bewußtsein als besonderes Erlebnis zu erfahren. Das ist dann ein erschütterndes Ereignis der Befreiung aus der Vorherrschaft einer Bewußtseinsform, die das Erleben des eigentlichen Seins verstellt und ausschließt. Welcher Art und Hartnäckigkeit auch immer die das Sein verstellende Bewußtseinsform sein mag, immer erzeugt sie eine Spannung, deren Einlösung eine Bewußtseinsform ist, in der das Sein ein wenig mehr ins Bewußtsein treten und also dem Menschen offenbarer werden kann.

Jede Bewußtseinsform, die das Offenbarwerden des umfassenden Seins behindert, bedeutet, daß der Mensch verhindert ist, in seiner wahren Mitte zu sein, und er gelangt in seine wahre Mitte nur dort, wo er dem Aufgehen des Seins in seinem Bewußtsein Raum geben kann, ja nur in dem Maße, als all sein Tun und Lassen als Antrieb, Sinn und Erfüllung in dem Offenbarwerdenlassen des überweltlichen Seins in seinem weltlichen Dasein verwurzelt ist.

10. Der Weg zur Mitte

Wenn es so ist, daß der Mensch sich dann in seiner wahren Mitte befindet, wenn seine Gesamtverfassung das fortschreitende Offenbarwerden des *transzendenten Seins* in seinem *Bewußtsein* gewährleistet, dann ist der Weg, der dazu führt, der mit einer Seinserfahrung beginnende »*Weg der Initiation und Individuation*«. Der initiatische Weg ist die von einer Seinserfahrung ausgehende, Schritt um Schritt fortschreitende Einweihung, Einweisung und Einschmelzung in die gesetzliche Folge der Stufen, in der der Mensch aus der Oberflächenexistenz seines natürlichen Bewußtseins vordringt in die Tiefen jenes Bewußtseins, in denen sein Wesen, das heißt das in ihm lebendige, überweltliche Sein, als Erlebnis und Wirkkraft aufgehen kann. An der Schwelle dieses Weges steht eine Erfahrung, die »Umkehr« bedeutet, radikale Wendung, Umorientierung vom Grund her. Von da ab geht es letztlich gar nicht um den Menschen, sondern um das göttliche Sein, d. h. darum, daß dieses Stufe um Stufe ins Innesein treten kann und den Menschen fortschreitend zu einem individuellen und personalen Medium seiner Manifestation verwandelt. Das Eingehen des göttlichen Seins in das menschliche Dasein, d. h. das Einlassen des transhumanen Wesens ins humane Selbst, beginnt als befreiendes Ereignis, stiftet überdauernde Verpflichtung, fordert immer neues Sterben und verspricht endgültige Erfüllung, sofern der Mensch seine Mitte im nie endenden *Prozeß* der Verwandlung findet, erkennt und wahrnimmt. In drei Weisen vollzieht sich die Verwandlung: in Erlebnis, Einsicht, Übung.

Am Anfang des Weges steht das initiatische Erlebnis, meist eine blitzartige, alles verwandelnde Erleuchtung. Es ist, als zerrisse ein großer Nebel, und schlagartig geht ein anderes Zentrum, eine neue Mitte auf, und mit ihr ein neuer Sinn, die Verheißung einer anderen Fülle, Ordnung und Ganzheit. Berge stürzen ein, unbekannte Abgründe tun sich auf, Rinnsale verwandeln sich in befruchtende Ströme, und ein Licht geht auf, als löste die Sonne das Mondlicht ab. Solche Erlebnisse sind Sternstunden. Es gibt sie in verschiedener Tiefe, Dauer und Qualität. Sie überraschen uns mitten im grauen Alltag oder in leidvollen Grenzsituationen. Immer aber kennzeichnet sie eine in ihrer Unbedingtheit evidente Gültigkeit. Es ist ein alles natürliche Erleben hinter sich lassendes Erleben, ohne das der Mensch nicht um das wüßte, was er nun die »andere Dimension« nennt.

Am Anfang des Weges steht das Ernstnehmen dieser Erlebnisse, »Seinserfahrungen« genannt, in denen auch das Selbstbewußtsein aus dem Wesen erwacht. Nicht immer sind es erschütternde Erfahrungen, wie sie dem Menschen dort geschenkt werden, wo das Gefüge seiner natürlichen Ich-Welt an den Grenzen seiner eigenen Kraft zusammenstürzt.

Es gibt diese Seinserfahrungen auch als überraschendes Geschenk mitten im »gewöhnlichen Leben« – und solange sie währen, befindet sich der Mensch in einem ganz eigenartigen Zustand und vorübergehend auch in seiner Mitte. Am

Anfang des Weges zur Mitte steht die Schärfung des Sinnes zum Wahr-Nehmen solcher initiatischen Augenblicke, in denen er vorübergehend ganz von seinem Wesen erfüllt ist. In solchen Augenblicken hat sein ganzes Da-Sein, sein Erleben und Sich-Verhalten einen ganz bestimmten Charakter. Er befindet sich in einem Maximum der Empfindsamkeit für das, was die Bewegung zur Transparenz für Transzendenz fördert oder hindert. Die inneren Sinne gehen auf. Es ist, als sei er bisher seinstaub und seinsblind gewesen. Mit einem Mal wird er, ein ins Innere seiner selbst und der Dinge Sehender und Hörender, aufgeschlossen für die Stimme des Meisters.

In der rechten Mitte sein, heißt hier, *zentriert* sein auf solche Transparenz hin, hingeordnet sein auf das möglicherweise Durchscheinende. Dieses Hingeordnetsein ist kein fester Zustand. Es ist vielmehr ein In-der-Schwebe-Sein, ein Sein im Gehen, ein Gehen, das sozusagen kaum den Boden berührt, ein Sein im Voranschreiten ohne Aufenthalt, ohne Halten wie auf einem Grat, wo jedes Innehalten Absturz bedeuten kann. Jedes Innehalten weckt die innere Stimme.

In-der-Mitte-sein ist auch ein *Geöffnetsein* besonderer Art, so daß der Geist des Großen Lebens ein- und ausgehen kann ohne Behinderung, aber auch ein Geschlossensein, das zu wahren vermag, was nicht verloren werden darf. Das aber ist eine lebendig sich verwandelnde *Form*, Schale des Großen Lebens, köstliches Gefäß, dessen Kostbarkeit empfunden wird, so daß die Bewegungen unwillkürlich behutsam werden. In alledem ist ein *Kontakt*, eine Fühlung, die durchgehalten wird zu etwas Unsagbarem, das den Zugriff nicht erlaubt und nur im »Haben, als hätte man nicht« bei uns bleibt. Und diese neuen Weisen des Geöffnetseins, In-Form-Seins und des Im-Kontakt-Seins sind nicht nur vorübergehende Geschenke, sondern Inhalt neuer Verpflichtung, sind Aufgaben, deren Verfehlung alsbald den inneren Meister auf den Plan ruft.

In-der-Mitte-sein ist zugleich ein *Wachsein* in und mit allen Sinnen – und zwar ein nach innen hin Wachsein aller Sinne, ein besonderes Wachsein wie in einem lichten Halbdunkel, in dem alles von innen zu glühen beginnt. Es ist als »Innesein des Seins« ein besonderes Erfahren, in dem alle Sinne, das

Hören, Riechen, Schmecken, Tasten und auch das Schauen wie im urtümlichen Gemeinsinn wieder vereinigt sind zu besonderem inwendigen Wahrnehmen. Nirgend aber stößt ein Sinn fixierend zu, alles ist Empfangen, und das »Eignen« beschränkt sich auf das Widerscheinen, das Spiegeln. Daher ist auch der ganze Zustand durchlichtet von einem besonderen Glanz, einem Licht, das innerlich leuchtet und zugleich lebenerweckend und nährend wärmt. Aber alles hängt davon ab, daß ein geheimnisvolles Gleichgewicht gewahrt wird in der Bewegung. Es ist stetes Wahren einer bestimmten Richtung und in bestimmter Ebene, wie gehalten von einer geheimen Meisterhand. Man ist Wasserwaage und Kompaß, ist der Tropfen und die Nadel zugleich, in geheimnisvoller Weise das, worauf diese hinweist und das, was die leiseste Verfehlung der Waagerechten anzeigt. Dies ist Zeichen dafür, daß der Mensch wirklich auf dem Weg in seine wahre Mitte ist. Denn das eben kennzeichnet den Zustand des »In-der-wahren-Mitte-Seins«, daß er, der in dieser Mitte west, und der, der sie sucht, immer wieder verfehlt und wieder aufs neue sucht, *eins* sind. Dieser unbeschreibliche Zustand – Geschenk der Gnade und des von ihr durchlichteten Augenblicks – ist und bleibt vorübergehend; denn immer bleibt der Mensch auch noch befangen im Netz des natürlichen Bewußtseins. Aber er wird um so mehr zum bleibenden Erlebensgrund, je konsequenter der Mensch sich auf dem Weg in seine eigentliche Tiefe hält und dadurch zunimmt an Transparenz.

Seinserfahrung und *Verwandlung aus dem Sein ist zweierlei.** Zum bloßen Erleben müssen Erkenntnis und Übung hinzukommen. Verwandelnde Bedeutung können Seinsfühlung und Seinserfahrung erst erhalten, wenn zum Erlebnis die Erkenntnis und die Übung hinzukommen. Eine Erleuchtung haben und ein Erleuchteter werden ist zweierlei.

Der erste Erkenntnisschritt betrifft die Einsicht in die Bedeutung der Seinserfahrung als Ausgangspunkt einer Verwandlung, die eine lebenslange Arbeit erfordert. Dazu bedarf es vor allem der Einsicht, daß unser sogenanntes »natürliches

---

* Vgl. Dürckheim, Erlebnis und Wandlung, Bern/Stuttgart 1956.

Bewußtsein« in seiner Vordergründigkeit jene »Finsternis« ist, die das eigentliche Licht nicht begreift. Sowohl der vergegenständlichende Charakter des rationalen Bewußtseins als auch die statische Ordnung, die aus ihm hervorgeht, widersprechen dem übergegenständlichen und dynamischen Charakter des übergreifenden *Lebens* und stehen auch dem Aufgang des Großen Lebens im kleinen Leben entgegen. Seit Jahrtausenden belehrt die Weisheit des Ostens uns über die uns dem Sein entfremdende Enge des natürlichen, d. h. nur gegenständlichen Bewußtseins. Es ist an der Zeit, daß auch der Westen sie zur Kenntnis nimmt und also erkennt, daß der Mensch nicht in seine wahre Mitte gelangen kann, es sei denn, er durchbreche die Schranken seines natürlichen Bewußtseins.

Die Entdeckung, daß das natürliche Bewußtsein der bewußten Seinsfühlung im Wege steht, ist die erste Antwort auf die Frage, was denn eigentlich zwischen dem natürlichen Ich und dem in der ersten Seinserfahrung gespürten Wesen steht. Der erste Vorhang ist das *statische Ich-Weltbewußtsein*. Die zweite Wand aber, die den Aufgang des Wesens im Selbst und damit die rechte Mitte verhindert, ist der *Schatten*.

Der »Schatten«, einer der fruchtbarsten Begriffe der Psychologie C. G. Jungs, ist das Insgesamt des nicht zugelassenen bzw. verdrängten Lebens, sei es ursprünglicher Lebensimpulse oder aber verdrängter Lebensreaktionen auf die böse Welt. Der Schatten ist das Licht in der Gestalt dessen, was ihm im Weg steht! Der Mensch muß erkennen, was eigentlich als das immer wieder den Schatten Erzeugende dem Licht des Wesens im Wege steht. Das Ausmaß und die Tiefe des Schattens sind gleichbedeutend mit der Größe des Hindernisses für die Berufung des Menschen, in seiner Mitte zu stehen, aber auch ein Maßstab für die Weite, die sich ihm auftut, wenn es ihm gelingt, den Schatten zu integrieren. Die Einsicht in die Natur, den Ursprung, in die Daseinsform und die Überwindungsmöglichkeit des Schattens und der ihn erzeugenden Blockaden bildet den Inhalt der den Weg bereinigenden Arbeit *tiefenpsychologischer Besinnung*. Denn eine erste Wesensfühlung bedeutet nicht, daß im tiefenpsychologischen Sinn damit auch schon eine Bereinigung des Grundes mitvollzogen ist. Um der höheren Dimension wirklich teilhaftig zu werden und ein in Wandlung Begriffener zu bleiben, muß der Mensch immer wieder die Preisgabe seiner derzeitigen Form erleiden, muß er die unbekannte Seite seines Wesens, die identisch ist mit dem schöpferisch-chaotisch in ihm Waltenden, zulassen und integrieren.* Ohne Mühsal gibt es keine rechte Bearbeitung des Feldes, auf dem dann der Same des transzendenten Seins im Erleben und schließlich auch in der Verfassung des Suchenden aufgehen kann, ohne Gefahr zu laufen, sogleich wieder im Unkraut verborgener Mechanismen, wildwuchernder Wünsche, frühreifer Sehnsüchte und unerlaubter Vor-Griffe nach dem Höchsten erstickt zu werden.

Zur tiefenpsychologischen Bereitung des Weges gehört auch die Erkenntnis der Schritte, deren gesetzliche Folge zur Verwandlung hinführt. »Das Durchspürenlassen des Eigentlichen, das hinter der Verbildetheit oder Unbewußtheit eines Menschen steht, ist Grundregel, Anfang und Ziel aller Arbeit. Man darf immer erwarten, daß beim Abbau und der Bewußtmachung der eingegangenen Fehlformen gleichzeitig anderes und Neues aus dem Hintergrund auftaucht und die Kreativität und Formkraft des Grundes lebendig wird«.** Die Metanoia, um die es geht, führt über einen Umbruch, einen Zusammenbruch der alten Ordnung, über eine Vernichtung des alten Subjektstandes, über einen Tod des Ichs, über eine echte Preisgabe der alten Form, über das Opfer, ohne das es keine Verwandlung gibt. Ohne solchen Opfersinn gelangt der Mensch auch nicht in seine Mitte.

Die Wandlung ist ein vielgliedriges Geschehen, in dem der Mensch zum Schauplatz einer Auseinandersetzung der großen Mächte wird, die, erlebt als Licht und Dunkel, männlich und weiblich, reich und arm, oben und unten, Leben und Tod, in ihrer relativen Eigenständigkeit und Gegensätzlichkeit erfahren, erlitten und gelebt werden müssen, um dann im eigentlichen Erlebnis der Wandlung in die coincidentia oppositorum

---

* Vgl. M. Hippius, Am Faden von Zeit und Ewigkeit, in: Transzendenz als Erfahrung, Festschrift für K. Graf Dürckheim, Weilheim 1966, S. 28.
** Ebd., S. 29.

einzugehen und in der Erfahrung des *Lichtes*, das jenseits von Licht und Schatten ist, aufzugehen. Diese höchste Erfahrung erst ist die erschütternde Begegnung mit unserer wahren Mitte. Doch von diesem *Erleben* des übergegensätzlichen, nie endende Verwandlung fordernden Seins als der wahren Mitte zu der *Verfassung*, in der dann der Mensch als ein wahrhaft Gereifter auf dem Weg der Verwandlung nie mehr stehen bleibt, mit seiner Mitte einsgeworden ist und aus ihr lebt, ist ein weiter Weg. Es ist ein Weg, auf dem man nicht ankommt, der als *Weg* selbst das Ziel ist. Der Mensch gelangt schon dort in seine Mitte, wo er endgültig auf den Weg zu ihr gelangt ist.

Mit dem Ankommen in dieser Weise des In-der-Mitte-Seins hat jedoch keineswegs ein Leben ohne Leiden begonnen. Im Gegenteil: In dem Maße, als der Mensch die andere Dimension in sich hat ein- und aufgehen lassen, als unzerstörbare Wurzel seines Selbstseins erspürt, die Verpflichtung zu ihr anerkannt und sie in sich voll zugelassen hat, ist er überhaupt erst in der Lage, Leiden zuzulassen. Ein Kriterium dafür, daß der Mensch in seine Mitte gelangt ist, besteht darin, daß er leiden *kann*, nicht darin, daß er nicht mehr leidet! Vom Wesen her meint Überwindung des Leidens: das Leiden im Leiden durchleiden zu *können*. Diese Art der Überwindung ergibt auch erst die Erhärtung der Form, die in der Welt zuverlässig vom transzendenten Sein zeugen kann. Es möchte der Mensch, der dieses Sein wahrhaft geschmeckt hat, sich wohl gerne weltabgewandt ganz im erlösenden Sein verlieren. Doch fällt er gerade dann wieder aus ihm heraus, wenn er nicht immer wieder die nur lichte Seite seiner Seinsfühlung in der Begegnung mit den Dunkelmächten des Lebens aufs Spiel setzt. Nur im Wagnis der gefahrvollen Hingabe bildet sich die Form, in der ein Mensch dann vollbewußt, verantwortlich und frei die Fühlung mit seinem Wesen bewahren und so nicht nur vorübergehend, sondern bleibend in seiner Mitte sein kann. Der Mensch bleibt auch in seiner höchsten Form Mensch. Er ist also dann, wenn er »abseits von der Welt« in sein Wesen gelangt, noch nicht in der Mitte seiner selbst als Person. Diese Mitte findet er nur in der Re-Integration von Wesen und Welt. Dies aber erfordert planmäßige Übung.

Das *dritte Mittel*, in dem die Ausprägung des Seins im Dasein und damit das In-seiner-Mitte-Sein bereitet werden muß, ist die *Übung*, das exercitium als Arbeit an der Weise, in der der Mensch nicht nur *innerlich* richtig lebt, sondern *in der Welt* in der rechten Weise da ist. Dies ist immer auch die zuchtvolle Arbeit an der rechten Ordnung des *Leibes*. »Nur so gewinnt der Impuls zur Ganzheit und zum Aufbau eines umfassenden Bewußtseins sein legitimes Verwirklichungsfeld in der Zeit. Das im kosmischen Sinn Leibhafte ist auch die Matrix, auf die sich alles Geistige einlassen und dank derer es sich ins Essentielle umschaffen, Form und Produktivität gewinnen kann. Das Einleiben erleuchtender Erkenntnisse ist ebenso notwendig für die gesunde Entwicklung des Geistesmenschen wie das Entfachen des »heiligen Feuers« des Geistes, das der Durchlichtung dumpfer Stofflichkeit dient und dieser erst Leben gibt.«[*] Die Arbeit am Leibe bildet das Kernstück des Weges als exercitium ad integrum. Leib ist hier nicht zu verstehen als der Körper, den man im Gegensatz zu Geist und Seele hat, sondern als der Leib, der man *ist*.

11. Die Mitte in der Symbolik des Leibes

Das In-seiner-Mitte-Sein drückt sich im Leib aus in der gesamten Erscheinung, in der rechten Haltung, im schwingenden, sich immer wieder herstellenden Gleichgewicht des Ganzen, in der Wesensgemäßheit und einer aus ihr kommenden harmonischen Bewegungsordnung der Gestalt. Diese harmonische Ordnung, die Transparenz verbürgt, meint nicht ein statisches, nach Maßen und Maßverhältnissen bestimmbares Gebilde, sondern die Verfassung einer Dynamik, kraft derer der Manifestation des Seins als Verwandlungsbewegung vom Leibe her nichts mehr im Wege steht. Ja mehr noch: Leibhaftig

---

[*] Vgl. M. Hippius, a. a. O., S. 32.

ist der Mensch erst in seiner Mitte in dem Maße, als die Grundbewegung des Lebens, der Rhythmus von Schöpfung und Erlösung, von Aufgehen und Eingehen, von Sich-Öffnen und Sich-Schließen, Sich-Geben und Sich-Zurücknehmen, kurz der »Atem des Lebens«, gewährleistet ist, und alles, was der verwandelnden Lebensbewegung im Wege steht, sie einschränkt oder deformiert, alsbald gespürt und automatisch auf Transparenz hin korrigiert wird.

So wie die Entwicklung des Menschen zur Person über die Subjektform des Welt-Ichs führt, dessen um Positionen kreisende Grundtendenz in ihrer Orientierung am statischen Prinzip dort, wo sie vorherrschend wird, der Dynamik des Lebens im Wege steht, so auch befindet sich, solange dieses Ich herrscht, das leibhafte Dasein in der Welt im Schatten ichzentrierter, d. h. lebenswidriger Haltung.

»Im Rahmen der Raumsymbolik wird die ›Stellung des Menschen im Kosmos‹ (Scheler) sinnfällig faßbar. Der sinnbildliche Aufbau seiner gegliederten Leibeserscheinung bietet aber auch den Ausgangspunkt für eine morphologische Wesensdeutung, die sich die Analyse der humanen Struktur zur Aufgabe setzt.«* Der Sinn des Leibes und seiner Gestalt ist primär das Ausdrucksfeld der in ihm sich in nie endender Verwandlung darleibenden Person. Die Symbolik des Leibes ist nicht Ergebnis einer Interpretation, die etwas in einen Körper, der vom Menschen unabhängig sei, hineinprojiziert, also etwas, das an sich gar nicht da ist. Vielmehr kann der Leib des Menschen in seinen Gliedern und Funktionen überhaupt nur symbolisch verstanden werden, als die Weise, in der sich ein Mensch darlebt, sich »hat«, da ist, etwas vertritt und dabei die seinem eingeborenen Gesetz entsprechende Gestalt fortschreitend findet oder verfehlt. So auch haben das Oben und Unten des Körpers im Leibe nicht einen primär physikalischen, sondern einen personalen Sinn. »Die geheime Sinnbildlichkeit der vertikalen Haltungsachse des Menschen in Abhebung von der horizontalen Bewegungsebene seines Ganges, die er mit dem Landtier gemeinsam hat, ist für die intuitive Anthropognomik von un-

---

* Vgl. A. Vetter, Personale Anthropologie, S. 16.

vergleichlicher Eindrucksgewalt.«* Oben und Unten bedeuten Beziehungen zwischen Dimensionen, Gerichtetheiten und Positionen des menschlichen Lebens, und ihre jeweiligen Bedeutungen im Rahmen des Ganzen kennzeichnen immer wieder zu durchlaufende Stationen auf dem Wege des Menschen zur Transparenz! So bedeutet »Oben« z. B. die Möglichkeit des Menschen, sich zu erheben und etwas, das unten ist und ihn herabzieht, zu überwinden. Schwere und Leichtigkeit, Härte und Weichheit, Festes und Flüssiges etc. – alle solche Bestimmtheiten haben nicht primär eine physikalische und dann im übertragenen Sinne auch eine menschliche Bedeutung, sondern sie bezeichnen primär Qualitäten des menschlichen Erlebens, Möglichkeiten menschlicher Entwicklung, Bewegung und Entfaltung. Erst in einem Prozeß fixierender Vergegenständlichung und unterscheidender Abstraktion wandeln sie sich zu Bestimmtheiten und Begriffen einer angeblich »an sich« bestehenden materiellen Wirklichkeit.

Daher auch haben die verschiedenen Partien des Leibes eine andere Bedeutung je nachdem, in welcher Lebens- und Entwicklungsthematik sie als Stationen oder Zentren auf dem Weg des Menschen gesehen werden. Dieselbe Körpergegend kann einmal das Unten bedeuten, ein andermal die Mitte. Beispielsweise erleben wir als unten einmal die Erde, also das, worauf wir mit unseren Füßen stehen. In anderem Zusammenhang erleben wir aber auch den Bauchraum mit allem, was er birgt und bedeutet, als unten. Das Wort »unten« hat einen anderen Sinn, wenn wir damit den Boden meinen, auf dem wir mit unseren Füßen stehen oder aber den Raum der mütterlich verwandelnden Kräfte, dem wir uns im Becken zu öffnen haben, und in den wir uns auf dem Weg der Verwandlung immer wieder hinablassen müssen, wenn wir nicht *oben*, in Kopf (Denken), Brust (Willen) und Herz (Gefühl) hart und steril werden wollen.

Wo es um die Verbundenheit des Menschen mit den kosmischen Kräften geht, erfährt er die Gegend unter dem Nabel, den Unterbauch, als Mitte. Ist er dagegen vorwiegend der

---

* Vgl. A. Vetter, Personale Anthropologie, S. 14.

Verwandlungsbewegung inne, darin er sich im Auf- und Absteigen zwischen Himmel und Erde als Person im Werden bewährt, dann ist der Bauchraum als Raum der tragenden und erneuernden Wurzelkräfte unten, und der Kopf ist nicht nur das, was in den Himmel ragt (Gegensatz zu den erdgebundenen Füßen), sondern Raum des Geistes. Und dann ist die Mitte nicht mehr der Bauchraum, sondern das *Herz*. Das Herz ist die Mitte zwischen Himmel und Erde, darin im Spannungsfeld von Oben und Unten ein Neues aufgehen kann.

Das Hinfinden zur »Erdmitte des Menschen«*, leiblich verkörpert im Unterbauch und Beckenraum, ist auf dem Weg zur Transparenz von ausschlaggebender Bedeutung. Es kennzeichnet den ersten Schritt auf dem Wege vom Welt-Ich zur Person.

Der Mensch befindet sich überhaupt erst dort auf dem Wege zur Transparenz und damit zu seiner Mitte, wenn er das gelassene Ruhen in der Leibesmitte als Voraussetzung der rechten Gelöstheit und der rechten Form erfahren, erkannt und zu üben begonnen hat. Gewiß hat es für den westlichen Menschen zunächst etwas Überraschendes und Befremdendes, wenn er vernimmt, daß, um zur Transparenz auch im Leibe zu kommen, die zuallererst zu verwirklichende und zu bewahrende Mitte der Bauch ist, genauer der Unterbauch und das Becken. Doch die assiette, von der eingangs die Rede war, birgt weit über den ersten Anschein hinaus *im* Leibesraum das Geheimnis der Übung zur gesamtmenschlichen Mitte.

Die Bedeutung des Bauches, wie sie uns immer wieder in der romanischen und frühgotischen Darstellung des Menschen begegnet, aber auch in der Christusvorstellung, wo er als Herr der Welt dargestellt wird, ist im Osten, insbesondere in Japan, seit langem bewußt und zwar als ein Kernstück in die Übung zur Reife, d. h. zur Integration mit der Transzendenz, aufgenommen. Im japanischen Raum finden wir das in der Lehre und Praxis von »Hara«.

---

* Vgl. Dürckheim, Hara, Die Erdmitte des Menschen, Weilheim/Obb., 5. Aufl. 1972.

Wörtlich bedeutet Hara »Bauch«, im übertragenen Sinn aber jene Gesamtverfassung des Menschen, in der er immer freier wird vom Bann des kleinen Ichs und sich gelöst und gelassen in einer Wirklichkeit zu verankern vermag, die ihn befähigt, von woanders her das Leben zu fühlen und die Welt zu meistern und ohne Rest dem zu dienen, was seine Aufgabe in der Welt ist. Er kann ohne Angst kämpfen, sterben, gestalten und lieben. Wo er es vermag, sich in den »Hara« niederzulassen und dort zu verankern, erfährt er ihn als einen Raum ihm verbundener Lebensmächte, die es vermögen, alle hart gewordenen Ichformen, ohne zu richten, aufzunehmen, einzuschmelzen und zu neuen Formen zu verwandeln. Kraft dieser Fähigkeit zur Verwandlung und Erneuerung vermag er auch die Welt anders zu nehmen. Es wirft ihn nichts um, es stößt ihn nichts aus seinem schwingenden Gleichgewicht. Der Kopf bleibt kühl, der ganze Leib ist gelöst-gespannt, und der Mensch atmet im Rhythmus des Sich-Öffnens und Schließens, Sich-Gebens und Wiederfindens den Atem der Mitte. Er kann auch im »Sturm der Welt« gelassen bleiben. Im »Hara« ruht der Mensch im Quellraum nie versiegender Kräfte und nie endender Verwandlung und eben damit im Wurzelraum seines personalen Seins und Werdens. Der Hara-no-hito, der »Mensch mit Bauch«, bedeutet den gereiften Menschen, den also, der die Voraussetzung zur Integration von Welt-Ich und Wesen gewonnen hat. Nur der Mensch, der sich aus dem Ich-Raum in den »Hara«-Raum, in die Erdmitte niederzulassen und hier zu verankern vermochte, kann am Ende wirklich ins Lot, in seine Mitte gelangen. Der, der in der Übung »Hara« begriffen hat, vernimmt in seinem Leib die Stimme des Meisters, sobald er aus seiner Leibesmitte herausgerät oder herauszufallen droht, z. B. bei Gefahr. Gerade bei drohender Gefahr neigt der mitten-lose Ich-Mensch, sich nach oben hin »zusammenzunehmen« und zu verkrampfen.

Doch »Hara haben« und »im Hara sein« bedeutet noch nicht, daß der Mensch in seiner Mitte *ist*. »Hara« garantiert noch nicht die Mitte der *Person*. Zur Erdmitte hinzukommen muß nämlich die gefestigte Fühlung mit der Himmelsmitte.

Diese Himmelsmitte ist etwas anderes als die Erdmitte. Sie zu gewinnen bedeutet die Herstellung der Verbindung zu den geistigen Mächten. Doch nur kraft aufgeschlossener Erdmitte vermag der Mensch den Samen des Logos aufzunehmen, ohne ihn in logische Ordnungen zu zwängen und damit zu entstellen.

Während die Erdmitte ihren Sitz im Bauch- und Beckenraum hat, dem Raum des natürlichen Ursprungs und der Verbindung mit den kosmischen Mächten, hat die Himmelsmitte, raumsymbolisch gesehen, ihren Sitz oben, und zwar nicht im Kopf, sondern um ihn herum, und weiter im Brust-Hals-Kopf-Raum und seiner Aura.

So wie nun im Prisma des Welt-Ichs die übermenschlichen »unteren« Mächte – die Fülle der kosmischen Kraft, an der der Mensch ursprünglich teilhat – sich reduzieren zur Vorstellung und zum Begriff sinnlicher Triebe und Bedürftigkeiten, so reduziert sich der Geist, verstanden als Logos, im Prisma des Ichs auf Ordnungen der Logik, Ethik, Ästhetik. Das Reich ihrer »Werte« zwar ist die Weise, in der das überweltliche Sein im Prisma des Welt-Ichs wahrgenommen wird. In ihm aber werden sie auch Opfer seiner alles feststellenden und festhaltenden Tendenz. Sie werden zu statischen und sich traditionell verhärtenden Ordnungen und so zu einer Trennwand zwischen dem Menschen und dem überweltlichen Sein. Erst dort, wo auch diese Ordnungen eingeschmolzen werden in der sich öffnenden Erdmitte, wird der Mensch frei zum Empfangen der allen festen Ordnungen überlegenen, lebendigen Ordnung des Seins, und es bildet sich jene obere Mitte, die wir die *Himmelsmitte* nennen.

Die »Himmelsmitte« bedeutet in sich das von aller Raumzeitlichkeit und Bedingtheit unberührte und unberührbare Sein, die Quelle also jener Sein*serfahrungen*, in denen der Mensch das allem Bedingten überlegene *Unbedingte*, das vom Tod unberührbare *Leben*, den allem Unsinn entzogenen *Sinn* und die *Liebe* jenseits aller Lieblosigkeit der Welt erfährt.

Wo der Mensch in sich diese Himmelsmitte erfährt und dort verweilt, ist er der Welt entrückt. In dieser Entrücktheit kann er sich, ganz von seinem Wesen erfüllt, vorübergehend in ihm als Mitte *fühlen*. Aber weil er ein Mensch ist, an seinen Leib und in Raum und Zeit gebunden, *ist* er, wenn er im Wesen allein ruht, noch nicht in seiner wahren Mitte. Und doch geben ihm die Augenblicke, in denen er ganz von seinem Wesen erfüllt und getragen ist, einen Vorgeschmack vom Dasein in der wahren Mitte.

In seine wahre Mitte gelangt der Mensch erst kraft einer Integration von Himmel und Erde, und diese Mitte ist – raumsymbolisch gesehen – das *Herz*. Und erst, wenn in ihm dieses Herz aufgeht, kommt er, als der Sohn von Himmel und Erde, in seine wahre Mitte.

Das Teilhaftigwerden an den das Welt-Ich übergreifenden irdischen und himmlischen Mächten macht den Menschen also noch nicht zur Person. Im Gegenteil:

Das Teilhaftigwerden an den das Welt-Ich übergreifenden Kosmos- oder Logos-Mächten ist an sich unpersönlich und unpersonal. Die Erdmächte sind vorpersönlich, die Geistmächte überpersönlich. Der Mensch kann sich, sein natürliches Ich überschreitend, in beiden niederlassen und aus beiden heraus wirken, ohne schon selbst im höchsten Sinn Person zu sein und ohne sich als Person hineinzugeben. Er kann von den Mächten der Erde wie von den Mächten des Geistes ergriffen sein; sein kleines Ich kann im Wechsel von beiden aufgenommen, ja aufgesogen sein, so daß er wie ichlos da ist und wirkt, nicht nur im Rausch oder in der Begeisterung, auch in seinem verantwortlichen täglichen Tun (z. B. als Heiler oder Seelsorger). Und doch gibt er in solchem, vielleicht sehr segensreichen Wirken noch nicht ganz sich selbst. Er selbst als dieses einmalige, nur in seinem tausendfältig bedingten Leibe wirkliche, von seinem persönlichen Schicksal unlösbare Individuum, das durchwirkt ist von seinem Glück und seiner Not, seiner Hoffnung und seiner Angst, mit einem Wort: Er selbst als dieser *Mensch* – ist in solchem Teil-Wirken noch gar nicht wirklich da. Jeder wahre Lehrer, jeder Arzt, jeder Therapeut, aber auch jeder Seelsorger kennt den eigentümlichen Sprung, der sich in seiner Beziehung zu dem ihm aufgegebenen Menschen vollzieht in dem Augenblick, in dem er nicht mehr anders kann, als sich dem anderen gegenüber selbst zu öffnen, und nun durch sein Amtskleid hindurch als der ganze Mensch hervortritt und so dem anderen als er selbst begegnet. Bei allen Gefahren, die damit gegeben sind – er weiß und spürt es: Erst jetzt erreicht er den anderen wirklich von Person zu Person.* Freilich muß, damit solches heilvoll sei, der Gebende und Führende selbst zu einem Personzentrum gelangt sein. Allzuleicht kommt dieser erste eigentlich personale Einsatz gerade dort nicht zustande, wo der Mensch, sei es im Bund mit den kosmischen oder mit den geistigen Mächten, gleichsam ichlos geworden ist. Er lebt, liebt, schafft und wirkt dann entweder aus seiner Erdmitte oder seiner Himmelsmitte heraus, aber noch nicht aus der Mitte seines »In-der-Welt-Seins« als Person. Er wirkt – vielleicht hilfreich – aber vorpersönlich wie mancher Heilpraktiker oder auch unpersönlich wie mancher Priester. »Der Mensch, als Ganzes gesehen, d. h. der vollendete Mensch, ist nicht nur Mittelglied zwischen Erde und Himmel, zwischen Natur und Geist, und bald dieses oder jenes, sondern die Vereinigung beider im erleuchteten Bewußtsein.«**

»Als angemessene Bindungsmitte fordert die menschliche Struktur die Instanz der Person, ohne die sie nur gedacht und nicht wirklich wäre« ... »Ihren raumsymbolischen Ort hat die numinose Person im Schnittpunkt zwischen dem geistigen und dem leiblichen Bereich als dem Oben und Unten ...«***

Und so ist die Mitte des Menschen weder das, was »Hara« verkörpert, noch das, was der obere Raum darstellt, sondern das *Herz*! Aber das Herz, das hier gemeint ist, ist nicht das Herz, darin der Mensch gefühlsmäßig im Guten und Bösen an der Welt haftet, sondern das Herz, das erst aufgeht, wo er als Ich alles gelassen hat, eingegangen ist in die Erde, aufgegangen in den Mächten des Himmels und endlich hingefunden hat zu *dem* Punkt, der *in ihm selbst* beide verbindet. Es ist das Große Herz gemeint, das Herz,

---

* Vgl. H. Trüb, Heilung aus der Begegnung, Stuttgart 1953.
** Vgl. A. Govinda, Durchbruch zur Transzendenz, in: Transzendenz als Erfahrung, S. 270.
*** Vgl. A. Vetter, Personale Anthropologie, S. 18.

das in der Herz-Jesu-Verehrung nicht zufällig in der Mitte, d. h. in der Gegend des Sonnengeflechtes dargestellt wird. Sagt man also, die Mitte des Menschen sei das Herz, so ist *dieses* Herz gemeint.

12. Das Herz – Die Mitte des Kreuzes

Das *Herz der Mitte* meint den Menschen als das Kind von Himmel und Erde. Aber erst dann kann man sagen, daß dieses Herz aufgegangen und der Mensch in seine Mitte gelangt ist, wenn er es nicht nur gelegentlich, gleichsam in einer Wallung, erlebt, sondern erst, wenn er als Kind Himmels und der Erde zu einem zuverlässigen Zeugen des Himmel und Erde übergreifenden Seins geworden ist. Doch nun müssen wir noch einmal fragen: Was bedeuten die Bilder »Himmel« und »Erde«?

Erde meint einmal die mütterlich-kosmischen Mächte der großen Natur gegenüber dem Himmel als »Stätte der väterlichen Logoskräfte des Geistes«. Aber die Gegensätzlichkeit von Himmel und Erde meint mehr als die unpersönlich wirkenden Kräfte der Natur im Unterschied zu auch universal und unpersönlich wirkenden Mächten des Geistes, an dessen Urbildern, Ideen, Gesetzen und Ordnungen wir, wie alles Lebendige, auch teilhaben. Der Gegensatz von Himmel und Erde ist in uns auch lebendig im Rhythmus von »Yang« und »Yin«, als ewig schöpferisch zeugender Ausgang und Aufgang des Lebens in die Vollendung besonderer Form und zum anderen als erlösender Heimgang im Großen All-Einen.

Erde bedeutet aber auch das *Leben* in seiner Bedingtheit; meint das Leben eines Menschen in seiner Geschichtlichkeit, in seiner durch Umstände und Schicksal bedingten, durch Anfälligkeit, Alter und Tod auch immer begrenzten und leiderfüllten Einmaligkeit. Demgegenüber der Himmel jenes universale, durch kein Schicksal berührbare, ewig junge, jenseits von Raum und Zeit wesende gotthafte Sein, zu dem, wie östliche Weisheit lehrt, der Mensch aus dem ihn begrenzenden Ich-Welt-Wahn als zu seiner »Buddha-Natur« »erwachen« kann. Aber wenn wir in das Auge eines Menschen blicken, der wirklich auf dem Wege ist, ein ganzer Mensch zu werden, so blickt uns weder nur das unter seinem individuellen Schicksal leidende Welt-Ich an, noch nur das unter diesem Welt-Ich verborgene schicksalsjenseitige Wesen, sondern ein personales Ich, das, gleichsam als der Kreuzpunkt der zeitüberlegenen Vertikalen und der zeitverhafteten Horizontalen, Zentrum ist jener sehnsuchtsgeladenen, zugleich verheißungsvollen und leiderfüllten Spannung eines ewigen Ringens um die rechte Integration von Himmel und Erde, von Wesen und Welt-Ich, von unbedingtem Sein und bedingtem Dasein. Im Kraftfeld dieser Spannung nur bildet sich die wahre Mitte des Menschen. Nur in ihr wird der Mensch der ganze Mensch. Nur aus ihr heraus geht jenes *Herz der Mitte* auf, dessen Liebe etwas anderes ist als die blutvolle, aber unpersönliche kosmische Wärme, aber auch etwas anderes als jene blutlos geistige Liebe, die aus einer »Himmelsmitte« kommt, die die Erde nicht kennt oder nicht will. Erst in der Einswerdung von Himmel und Erde geht das wahre Person-Zentrum auf. Erst dort, wo ihm das Unbedingte *im* Bedingten aufgeht – die Kraft in der Schwäche, der Sinn im Unsinn, die Liebe in der Grausamkeit der Welt – erst dort also kommt der Mensch in seine wahre Mitte, wo er mitten in der Welt sich mit einem Überweltlichen eins weiß; weiß, daß er zu ihm hin, in ihm und aus ihm heraus zu leben hat und es von daher zugleich auf sich zu nehmen vermag, daß er als der Weltgebundene immer wieder herausfällt und in der Horizontalen die Vertikale verrät. Die Mitte, in die der Mensch als in *seine* Mitte gelangen kann, ist also letztlich kein fester Punkt, in dem man einmal endgültig ankommt, sondern es ist die treue Unbeirrbarkeit einer Bewegung, in der er das Kreuz annimmt und darin lebt im Durchhalten einer nie endenden Bewegung, in der er von der Welt her ins Zentrum und vom Zentrum her in die Welt lebt und wirkt. In dieser Bewegung nimmt der überraumzeitliche Geist immer neu raumzeitliche Gestalt an, in der er in die Welt der Bedingungen »eingeht« und zum anderen in seinem tausendfältig bedingten Leib immer wieder neu durchsichtig werden muß, auf daß das Himmelslicht rein aus ihm aufzuleuchten vermag. Erst also, wo das Darleben dieses Kreuzes das für einen Menschen Bestimmende wird, *da* ist der Mensch als Person in seiner Mitte. Die Mitte des Menschen ist also die in ihm zur Manifestation drängende, aber nur in Kreuzesgestalt im Menschen offenbar werdende Transzendenz.

Hat der Mensch diese Mitte gefunden, d. h. diese Transparenz zur Transzendenz hin, dann steht sein Erleben in einem besonderen Glanz; eine besondere Strahlung geht von ihm aus, und was auch immer er wirkt und wem auch immer er begegnet, es wird seinerseits transparent.* Denn wie mit sanfter Gewalt rückt er alles, was ihm begegnet, in seine Mitte.

Der Mensch ist in seiner Mitte dann, wenn er unbeirrbar *in* der Welt *aus* seinem überweltlichen Wesen heraus lebt. In seinem Wesen hat der Mensch teil am göttlichen Sein. Aber nur in dem Maße wird ihm diese Teilhabe bewußtes Erlebnis, Verpflichtung und Erfüllung, als er sich auch in seiner menschlichen, schicksalhaften Einmaligkeit und Bedingtheit annimmt. Nicht *trotz*, sondern nur *in* seiner Bedingtheit erfährt sich der Mensch in der Unbedingtheit der besonderen »Weise des Seins«, die er im Wesen ist. Und gerade aus dieser seiner bejahten Bedingtheit heraus kann er *gnadenhaft* auch einmal in seinem individuellen Wesen das Wesen aller Wesen spüren, sich gläubig in Einheit mit dem Prinzip aller Gestalt erfahren, mit Christus als dem »Wort«. So also müßte man sagen, der Mensch ist dort in seiner Mitte, wo er sich in Einheit mit Christus weiß und aus ihm heraus lebt und in diese Mitte immer wieder gerufen wird durch die Stimme des Meisters in uns, der Christus heißt, wobei Christus hier nicht nur für das »Wesen aller Dinge«, nicht nur für die jedem eingeborene Werdeformel aus dem Wesen heraus steht, sondern für jene überweltliche Instanz, die die Einswerdung mit dem »Bedingten« repräsentiert und fordert. Nur insofern der Mensch als immer in der Welt Seiender nie voll mit seinem Wesen eins ist, ist er in seiner *Erfahrung* eins mit Ihm nur in der *Begegnung*. In der Begegnung aber erscheint ihm, wofern er sich selbst im leidvollen Kreuzpunkt von Himmel und Erde als Person erfährt, Christus nicht als Prinzip, sondern als göttliches *Du*.

Erst in der Erfahrung seiner eigenen Kreuzsituation geht dem Menschen das innere Auge seines Personseins auf. Und der Mensch ist erst in der Mitte seiner Mitte, wenn ihm das Auge aufging, das im geistigen Sinne wesenhaft sonnenhaft ist, sozusagen das Christusauge, in dem, der sieht, eins wird mit dem, der ihn sieht. Mit diesem Auge, das im strengen Sinne nicht mehr sein kleinmenschliches Auge ist, sieht der Mensch die Mitte, aus der er eigentlich leben darf und soll, nicht mehr von seinem natürlichen Ich aus ganz draußen, aber auch nicht in reiner Identifikation mit seinem eigenen Wesen ganz drinnen, sondern als der Mensch, der er auch in der Integration von Welt-Ich und Wesen bleibt, im Kreuzpunkt der Begegnung von innen und außen. Sofern er sich selbst in der Struktur seiner Dimension auf das Kreuz hingeordnet erfuhr, steht er – dürfen wir das sagen? – mit Christus sozusagen in einem Dialog. »In ihm zeigt sich als der innerste Grund des Menschen das personale göttliche Du. Indem der Mensch sich selbst zu Ende erfährt, erfährt er als Tiefstes den personalen Dialog mit Gott und damit auch seinem göttlichen Partner«,** der ihn als sein eigentlich innerer Meister immer wieder zu dieser Erfahrung hin treibt. Man kann also sagen:

Der Mensch ist in seiner Mitte, wenn er in Christus ist. Man hat Scheu, solches auszusprechen, denn es verwässert solch ein Satz allzuleicht in der beruhigten Zustimmung derer, die er als ein Glaubensbekenntnis ohne Erfahrung und Verwandlung begleitet, und nicht, wie wir ihn hier meinen: als unendliches Ziel eines durch Tod und Verwandlung gehenden Weges.

Der initiatische Weg wird vorgebildet und übergriffen vom *Glauben*, insofern Glaube kein billiges Fürwahrhalten ist, sondern Ausdruck der im Innesein des Menschen lebendig gewordenen Transzendenz. In diesem Sinn auch ist es dem Menschen auf jeder Stufe seiner inneren Entwicklung gegeben, in seiner Mitte zu sein, und jedem Menschen kraft seiner Stufe in seiner

---

* Vgl. Johannes B. Lotz, Auf dem Weg zum personalen Transzendenten, in: Transzendenz als Erfahrung, S. 247.
** Vgl. Dürckheim, Auf dem Weg zur Transzendenz, in: Transparente Welt, Festschrift für Jean Gebser, hrsg. von Schulte, Stuttgart/Bern 1966.

besonderen Weise. Nicht jedem ist der initiatische Weg bestimmt. Ist es aber einem Menschen aufgegeben, aufgrund der Stufe *ihm* möglicher Seinserfahrungen, in einem Prozeß fortschreitender Individuation durch Bewußtseinserweiterung und Überwindung der Grenzen seines natürlichen Bewußtseins das, was er im Grunde ist, das Kind Himmels und der Erde, mit Bewußtsein zu sein und zu bezeugen, dann kann eine sein Herz mit lichtem Frieden erfüllende, ihn bergende Erfahrung der Transzendenz – für ein »schlichtes Gemüt« das höchst Erreichbare – auch zur Gefahr werden, d. h. zur »negativen Transzendenz«: zur Versuchung, stehen zu bleiben und alles zu vertun. Und dann ist er, gerade im Glauben, nun in seine Mitte gelangt zu sein, aus ihr herausgefallen, weil er stehen blieb! Aber dann schreckt ihn, ist er ein Berufener, die Stimme des Meisters auf und wirft ihn auf den Weg zu neuer Verwandlung.

III. DIE STIMME DES MEISTERS IN DER BEGEGNUNG MIT DEM TOD

Die Stimme des Meisters spricht zu uns in der Begegnung mit dem Tod. Sie spricht zu uns als die Stimme jenes LEBENS, zu dem der Tod alles Lebens gehört, und das dem Werden das Sterben voraussetzt.

Zum Leben gehört der Tod, zum Leben gehört das Leiden. Leben – Leiden– Tod sind miteinander verschmolzen. Leiden verbittert, Leiden reift – je nachdem der Mensch sich nur als das natürliche Ich fühlt, das auf ein schmerzfreies Leben und auf Bleiben bedacht ist, – oder aber sich gegründet weiß in seinem übernatürlichen Wesen, und dessen zunehmendes Offenbarwerden in der Welt zum Sinn seines Lebens gemacht hat. Dann schmilzt im Leiden weg, was dem Wachsen aus dem Wesen im Wege steht. Für das natürliche Ich, dessen Sinn das schmerzfreie Behagen ist, sind Leiden und Sterben nur die dunklen Seiten des Lebens, der *Schatten*. Doch was ist ein Schatten anderes als das Licht in der Gestalt dessen, was ihm im Wege steht? Der Schatten vergeht, wo der Mensch durchlässig wird für das *Leben*, das sein kleines Leben mit seinem Tod übergreift. Im durchlässigen Medium tritt dann das Licht in der Gestalt des Wesens in Erscheinung, das zu verwirklichen das allem Sterben widerstrebende Welt-Ich zeitlebens verhindert.

Das Viele, das unser Dasein besetzt hält, muß eingehen, damit die Fülle des Seins in uns aufgehen kann. Das Viele, das in uns und um uns tönt, muß still werden und schweigen, damit die Stimme aus dem Wesen gehört werden kann. So zielt geistliche Übung auf Stille, darin im Leerwerden von allen Geräuschen, Gedanken und Bildern das, was jenseits aller Geräusche, Begriffe und Bilder ist, ins Innesein kommen kann.

Das Eingehen des Vielen ermöglicht das Aufgehen des *Einen*. Das Schweigen des Vielen das Sprechen der Fülle. Der Tod des Vielen das Leben des Einen.

So spricht, wo das Viele überhand nimmt, als Zeugnis des verborgenen *Einen* im Herzen des Schülers die Stimme des Meisters.

Im alten Japan gab es Meister des Zen, die dem Tod als dem Geleiter in das alles aufhebende Sein in besonderer Weise entgegengingen: Wenn sie den Augenblick ihres Sterbens für gekommen erkannten – luden sie ihre Freunde zu einem letzten gemeinsamen Mahl ein. Wenn das Mahl zu Ende war, begaben sie sich in die Mitte des Kreises, schrieben ein letztes Gedicht und gingen in die Versenkung – aus der sie nicht mehr zurückkamen.

Unergründlich das steinerne Gesicht eines Toten –. Unbegreiflich, daß, wo eben noch Leben war, nun nichts mehr sich regt. Wer es wagt, es anzuschauen und bei ihm zu verweilen, ganz still und ganz offen, kann angerührt werden von dem Hauch des ganz anderen *Lebens,* in das der Gestorbene soeben einging. Und unvermutet kann man eine von weit her kommende und doch ganz nahe Stimme hören, die einen neuen Horizont aufsprengt.

Mit dem Tod ist das Grauen in der Welt, und voller Entsetzen flieht der Urmensch vor dem Unbegreiflichen, das ihn aus einer Leiche anstarrt. Und nicht nur der Urmensch. Wer kennt das Grausen nicht, das eine Leiche uns einflößt? Von der Panik, die der Tod auslöst, zur Fähigkeit, ihm ruhig ins Gesicht zu schauen, ist ein langer Weg, der im Aushalten beginnt. Der Tod gebietet Schweigen. Die Stille, die von ihm ausgeht, läßt alles, was um ihn ist, erst verstummen. Und nur im schweigenden Aushalten kann der Mensch dem Schweigen des Todes so nahe kommen, daß es zu sprechen beginnt. Nur dem, der vor der Unbegreiflichkeit des Todes stumm wird und stillhält, hat der Tod etwas zu sagen. Nur, wer still hinhören kann, wird angesichts des Todes die Stimme des Großen Meisters vernehmen.

Ein Mensch stirbt. Der Puls setzt aus. Das Auge bricht. Der Atem steht still. Unergründliches Schweigen. Eine Leiche? Noch nicht. Denn nun ist die Stunde des Wesens gekommen. Und was bisher verborgen, nun tritt es in die Erscheinung. Wenn der letzte Krampf sich gelöst hat, – dann ist es, als öffne sich ganz innen ein Tor, hinter dem zeitlebens die Wahrheit des Wesens gewartet. Nun bricht sie hervor, dringt ein in die noch plastische Materie des Gesichts und es vollzieht sich auf ihm jene Verwandlung, die man die Verklärung des Antlitzes genannt hat.

Zwischen dem Gestorbensein und dem Totsein ist ein geheimnisvolles »Zwischen«. Wo dies Zwischen sichtbar wird, erscheint es als ein besonderer Glanz, der sich über dem Gestorbenen ausbreitet. Aus ihm leuchtet zweierlei – die Erlösung von etwas und die Befreiung zu etwas. In sich gekehrte Gewißheit und leuchtender Friede.

Es ist natürlich, daß der Schmerz über den Tod des Geliebten erst größer ist als das Glück der Erinnerung an gemeinsames Leben. Dann aber kann versöhnend und fruchtbar verwandelnd allmählich ins Innesein treten, was in der Vergangenheit das Tiefste gewesen: Die Präsenz des Überzeitlichen in der Beziehung. Und der in seiner Abwesenheit Anwesende spricht zu uns versöhnend und fordernd in der Sprache *des* LEBENS, das Tote und Lebende zu sich hin verwandelt.

Das Sterben beginnt bei der Geburt. Der Tod ist dem Leben eingewoben, und alles, was lebt und wächst, lebt auf seinen Tod hin und vom Tode dessen, was es überwächst. Das geschieht unbemerkt, in ewiger schmerzloser Verwandlung. Je mehr aber der Mensch zu dem Ich wird, das feststellt und festhält und um das Bleibende kreist, um so schwerer wird es ihm, den Platz für das Neue zu räumen. Wohl dem, der zu lassen gelernt hat. Aber einmal kommt der wirkliche Tod auf ihn zu. Und das meint mehr als das Sterben, das mit aller Verwandlung einhergeht. Es meint das Wachsen, das über das wirkliche Sterben geht und hinausgeht, meint das große Über-sich-hinaus-Wachsen.

Viel früher, als der Mensch es sehen will, beginnt, schmerzlos wie der Krebs, der Tod ihn zu rufen und auch schon ihn einzuholen. Doch was heißt Tod? Ist es nicht durch den Tod hindurch ein größeres Leben, dem sich öffnen zu können, im Sterben noch die Frucht der Reife sein sollte? Wo der alternde Mensch nur darauf bedacht ist, wie er sein Leben verlängert, nicht aber auf das, was ihn in der Verlängerung des Lebens erwartet, geht ihm die Krone des Lebens verloren. Es gibt Menschen, die mehr Wert darauf legen, richtig zu sterben, als länger zu leben. Aber richtig leben ist nur vom richtigen Sterben her möglich.

Manchmal hört ein Mensch, auf den der Tod zukommt, in sich die Frage: Hast du Angst vor dem Tod, oder vor der Gewalt des *Lebens*, das hervorbricht, wenn das Tor des Todes sich öffnet?

Im reifenden Menschen kann, als Ahnung zunächst, dann als ein wachsendes Wissen, die Erkenntnis aufgehen, daß alles, was ihn in diesem Leben scheinbar so zuverlässig schützt, trägt und erhält, ihn immer zugleich auch bedroht, weil es sein Weiter-Wachsen behindert. Den erhaltenden Lebenskräften sind versteinernde Todesmächte zugesellt, den vernichtenden Mächten jedoch Diener und Boten des Lebens.

Mutter Erde stößt die Kinder, die sie trägt und ernährt, aus sich heraus, um sie eines Tages wieder zu verschlingen. Einmaliger Vorgang? Der Mensch, der zur Freiheit Geborene, muß auf dem Weg zu sich selbst immer wieder dem Sog zurück in den Mutterleib nachgeben, ehe er, aus Freiheit eingeworden mit ihr und von ihren Säften geladen, die Kraft hat, sie in sich selber zu vernichten und eigenständig zu werden.

Der Sinn, den der Tod für den Menschen hat, hängt ab von dem, was er unter »Leben« versteht. Es wandelt das Gesicht des Todes sich mit den Augen, die ihn erblicken. Ob man im Tod nur ein Ereignis sieht, das das Leben bedroht und unerbittlich beendet, – oder ein zu diesem Leben gehörendes Geschehen, das auf ein anderes Leben hinweist, darin das uns Bekannte eingeht und sich zu einem uns Unbekannten hin öffnet, oder vielleicht in ein Sein, das jenseits aller Zeit und Verwandlung west, – das hängt ab von der Stufe und Geistesart dessen, der auf ihn hinschaut. Es hängt davon ab, in welchem Maße sich der Mensch seines Wesens bewußt wurde, darin ein Überzeitliches ans Licht drängt in der Zeit und jenseits aller Zeit.

Verschieden sind:
Die Furcht vor dem Sterben als dem qualvollen Ende –
Das Grauen vor dem Toten, aus dem ein Unbekanntes uns anstarrt –
Die Sorge vor dem, was nach dem Tod sein wird.

Gemeinsam ist ihnen, daß sie selbst zerstörerische Mächte sind in dem, der noch vom natürlichen Welt-Ich beherrscht ist. Für den, der auf dem *Weg* ist und sich in ihnen als den erkennt, den er zu lassen bestimmt ist, erhebt sich in der Furcht, im Grauen, in der Angst und in der Sorge die mahnende Stimme des Meisters und ruft ihn in die Verwandlungsordnung des Wesens, die allem einen anderen Sinn gibt.

Der Mensch kann dreierlei Tode sterben:
den Tod aus Alter und Krankheit,
den Tod aus Treue im Dienst,
den Tod als Brückenzoll zum anderen Ufer.
Den ersten Tod sterben alle,
den zweiten Tod zu sterben sind viele bereit,
den dritten Tod zu sterben sind die wenigen nur fähig,
in denen als Erfahrung, Verheißung und Verpflichtung schon lebt, was den Tod dieses Lebens mit einschließt.

Der Tod gehört zum Leben – aber das Leben gehört auch zum Tod. Es gibt Völker, bei denen statt unserer Formel »Leben und Tod« – »Leben und Neugeburt« steht. Nicht nur endet das Leben im Tod, sondern aus dem Tod wächst auch Leben; Leben mündet immer in neuem Leben.

Die Rätselhaftigkeit und Geheimnisfülle des Lebens gründet in seiner Verschwisterung mit dem Tod. Alle Tiefe, die das Leben dem Menschen erschließt, hat etwas mit dem Tod zu tun, der seiner wartet. Nur angesichts des Todes können wir die Fülle des Lebens erfahren, den Reichtum des Lebens in dieser Welt – und ahnungsweise auch die Fülle des überweltlichen *Lebens*. Dem Menschen, der das Sterbenmüssen verdrängt, dem Oberflächensog dieser Welt anheimfällt und so lebt, als gäbe es den Tod überhaupt nicht, bleibt die Tiefe verborgen. Nur der Mensch, der die Trabanten des Todes, die Sorge, die Angst und das Grauen, kennt und ihnen stand hält, kann jenes Leuchten erblicken, das, aus dem Unendlichen kommend, durch alle Endlichkeit dringt, ihre Grenzen aufhebt, über sie hinausträgt und sie zum Zeugen des Ewigen verwandelt. Dies Leuchten ist nur der Widerschein jenes Lichtes, das wir im Grunde auch selbst sind. Im Ja zum Tode erst geht uns sein Auge auf.

In der unbestimmten Angst vor dem Altwerden ist die Furcht vor dem Abnehmen des Lebens und dem näherrückenden Sterben enthalten. Im Aspekt des natürlichen Ichs erscheint die Jugend als die Zeit unbegrenzter Möglichkeiten, Altern jedoch als fortschreitende Einengung des vorhandenen Lebensspielraumes. Altern sollte Reiferwerden bedeuten, und das bedeutet auch immer, aufgeschlossen für die Stimme des inneren Meisters. Wenn der älter werdende Mensch auch ein Reifender ist, der die Stimme des Wesens vernimmt und auf sein Wachstum bedacht ist, dann verengt nicht, sondern weitet das Altern den Horizont seiner Zukunft. Alt ist der Mensch, der keine Zukunft mehr vor sich hat. Der Reifende bleibt jung, denn das Älterwerden bedeutet ihm eine ständig wachsende Chance, das Unwesentliche zu lassen und sich auf das Eine, das not tut, zu sammeln: immer durchlässiger zu werden für das in unserem Wesen anwesende und zum Offenbarwerden drängende große *Leben*. Der herannahende Tod – im natürlichen Aspekt der große Schrecken – erscheint nun als die Rechtfertigung wachsender Freiheit, alles zu lassen, um unbeschwert in die Unermeßlichkeit des Großen Unbekannten einzugehen.

Der Tod ist das Medium, darin im Reich der lebendigen Wesen an der Schwelle jeden Neuwerdens, das große LEBEN auftaucht. Es erscheint da als das umschmelzende Entwerden, das allem Werden zugeordnet ist und allem Gewordenen innewohnt – als Verheißung des Ungewordenen zur Verwandlung in neue Gestalt. Alles Neuwerden setzt ein Entwerden, alles Aufgehen ein Untergehen voraus. Wer nur das Überdauernde sucht, verlegt sich den Zugang zum *Leben;* denn er verneint das Medium des Lebens, den raumschaffenden Tod... Der zum Weg der Verwandlung Erwachte ist zu den tausend Toden bereit, die das LEBEN zeit seines Lebens verlangt.

Der Mensch lebt eingespannt zwischen zwei Polen: dem *Leben,* das jenseits ist von Leben und Tod, und dem Leben, das einen Anfang hat und ein Ende. Beides ineins sein zu können und sein zu sollen, macht sein Personsein aus – als Sehnsucht, Möglichkeit und Auftrag. Den Sinn beider Seiten spürt der Mensch erst auf dem Hintergrund der Gefährdung der einen je durch die andere. Was das sterbliche Leben eigentlich soll? In der Sterblichkeit vom Unsterblichen zeugen! Und was das Unsterbliche meint? Das Sterbliche im Unsterblichen beheimaten! Die Möglichkeit hierzu beginnt erst, wo einer, zum Wege erwacht, Schüler geworden, die Stimme des Meisters vernimmt, in der uns das LEBEN als Auftrag, Gewissen und Kraft dauernd verpflichtend bewußt wird.

Der Mensch kann nur in Gemeinschaft mit anderen und angepaßt an eine sachlich gebaute Welt leben. Wo er von jener verschluckt, von dieser zur Sache gemacht wird, droht ihm der Tod der Entfremdung. Er hört auf, er selbst zu sein. Ist er im Kern seines Wesens noch stark genug, einmal auch nein zu sagen, dann kann gerade im Dunkel der Entfremdung vom Selbst ein heimweisendes Licht aufgehen und der drohende Tod durch Selbstverlust in ein Leben wachsender Selbstfindung umschlagen – das Thema unserer Zeit!

Zeit seines Lebens wird der Mensch heimgesucht und begleitet von seinem Tod. Solange aber der Mensch nicht bemerkt hat, daß er im Exil lebt, mißversteht er die Anwesenheit des Todes als bloßen Widerspruch gegen sein raumzeitliches Leben.

Zu ahnen, zu spüren, schließlich zu wissen, daß der Tod nicht nur ein Ende setzt, dazu gehört freilich, daß der Mensch das Nicht-Endliche kennen gelernt hat, weil er die Augenblicke ernst zu nehmen vermochte, in denen er, dem Tod ganz nah, ein anderes Leben gespürt hat oder durch ein Sterben hindurch eine Neugeburt erfuhr. Kaum ein Mensch, dem solches nicht einmal widerführe. Aber selten die Menschen, die gelernt haben, im Sterben die Stimme des LEBENS zu hören.

Erst wenn Eltern »gestorben« sind – ihr bergend Bevormundendes überwunden – werden Kinder erwachsen. Wo immer eine mächtige Vaterfigur oder ein Mutterbild das Unbewußte beherrscht, kann als Zeichen beginnender Befreiung der Traum vom Töten des Vaters oder der Ermordung der Mutter geträumt werden. Oft ist das schon während der Traumtat oder beim Erwachen von Entsetzen begleitet, oft aber auch mit einem Wissen verbunden, daß es sein muß. Wir gehorchten im Töten der Stimme des Meisters. Und dann erst kommt das Glück der Befreiung und mit ihm die Liebe zurück. Mehr noch, zum ersten Mal hält die wirkliche Liebe, die Liebe aus Freiheit, ihren Einzug.

Es gibt den Tod aus Hunger und den Tod aus Übersättigung. Auch der Heilige braucht noch das Minimum an Materie. Auch im materiell Übersättigten wartet noch ein Funken von Geist. Fehlt jenem auch noch das Letzte und erlischt bei diesem der Funken, dann sterben sie, solange sie Menschen sind, beide. Doch eben die Nähe des Todes hält beide am Leben. Den einen, weil er ihn flieht, den anderen, weil er auf ihn zugeht.

Der Sinn jeden Todes ist das Leben, das er ermöglicht. In der Vernichtung blitzt das Unvernichtbare auf, und »kühn« nennen wir den, der die Nähe der Vernichtung aufsucht, um das Unvernichtbare zu spüren. Erst in der Gefahr tritt das ewig Ungefährdete in die Erscheinung. Der eine spielt mit seinem Leben im Berg, der andere wagt es im Zweikampf, und zu allen Zeiten zog der ritterliche Mensch aus, zu allem bereit und dem Tod überlegen, weil er im voraus schon die lichte Glut des Lebens verspürte, die im ritterlichen Sterben aufflammt.

»Gewiß, ich werde es wieder tun«, sagte eine Frau, die versucht hatte, sich das Leben zu nehmen. »Warum?« – »Weil das so unsagbar schön war, was hochkam, nachdem ich das Gift genommen, mich selbst als vernichtet und alles gelassen hatte.«

»Ein Leben, dessen Sinn es wäre, zu überleben, hat keinen Sinn!« so sagte ein Jude in dem Augenblick, in dem er vergast werden sollte – – –
Soeben noch zitterte er vor Angst – nun war er mit einem Male ganz ruhig und erstrahlte. Und das Schicksal ging an ihm vorüber.

Dreierlei ist die Not, an der ein Mensch eingehen kann: Die Angst vor der Vernichtung, die Verzweiflung am Absurden, die Verlorenheit in der Vereinsamung. Aber aus diesen drei Weisen kann, wenn der Tod unausweichlich erscheint, mit einem Schlage neues Leben hervorgehen, dann nämlich, wenn es einem Menschen geschenkt wird, zu tun, was dem gewöhnlichen Menschen zu tun gar nicht möglich ist, das Unannehmbare hinzunehmen. Wo es einer vermag, sich dem Unausweichlichen aus Freiheit zu stellen, zu fügen und zu unterwerfen – nimmt er dem Tode den Stachel. Indem er bereit ist, sein altes Ich dranzugeben, öffnet er seinem Wesen das Tor, in ein neues, sein wahres Ich-Selbstsein, zu treten. Und mit einem Schlag kommt aus der Vernichtung das Unvernichtbare hervor; aus dem Dunkel der Verzweiflung am Absurden ein Licht, das jenseits ist von Sinn und Unsinn; und Verlorenheit schlägt inmitten aller Verlassenheit in der Welt um in Geborgenheit im überweltlichen Sein.

So wie der Glaube der rechte Glaube nicht ist, wenn er von Zweifel berührt werden kann –
so wie die Freiheit die rechte Freiheit nicht ist, wenn sie von Zwang berührt werden kann –
so ist das Leben das rechte Leben noch nicht, wenn es durch den Gedanken an den Tod verstört werden kann.

Ein Fortschritt der Menschheit, das heißt des Menschen im Menschen, kommt nicht aus der Kunst fortschreitender Sicherung des Bestandes raumzeitlichen Lebens (gesicherter Wohlstand kann Rückschritt im Menschlichen bedeuten), sondern im Wachstum der Kraft zu innerer Überwindung des Todes. Das aber gibt es nur im Zeichen einer zunehmend sich vertiefenden Erfahrung eines Größeren Lebens, das mit dem Tode in der Zeit nichts zu tun hat.

Die Bereitschaft zu sterben ist immer die Treue zu dem, wozu man zu stehen behauptet. Das Leben, das Treue erzeugt, ermöglicht und wahrt, kommt aus dem Tod, den man zu sterben bereit ist. Für den zum Weg Erwachten steht das Sterben im Dienst des LEBENS. Zu diesem Sterben ruft uns allein bevollmächtigt der innere Meister.

Über dem Tod liegt der Schimmer des Größeren Lebens. In der Stille des Todes wird anderes Leben vernehmbar, und unbegrenzt sind die Weiten, die sich jenseits der Grenzen auftun, die er uns bewußt macht. Nur der Mensch, der den Tod in sich spürt, kann das *Leben* fühlen, auf das er schon hinweist.

Heroismus und Resignation sind die Weisen, in denen der Mensch den Tod von sich aus siegreich bezwingen oder mit schmerzlichem Verzicht hinnehmen kann. Es sind die Weisen, in denen der Tod sich im Ich widerspiegelt, das im Horizont seiner Weltsicht befangen, opferbereit und tapfer diesseits der Grenze dahinlebt. Nur den, der seine wahren Wurzeln jenseits der Grenze erfuhr, verbindet der Tod mit dem unbegrenzten ganz Anderen und wird zum Tor in die Heimat des ewigen Ursprungs.

Von »Gestorbenen«, das heißt von Menschen, die für einige Augenblicke schon »drüben« waren, hören wir, daß es das reine, beseligende, erlösende Licht war, das sie erfuhren. Welch anderes Licht sollte es sein als jenes, das schon dann und wann durch den Vorhang unseres gewöhnlichen Bewußtseins hindurchscheint? Aber wir sehen es nicht, weil wir, dem Wesen entfremdet, nur der von uns begriffenen Welt zugewandt sind. Im Tageslicht unserer Welt sehen wir die Sterne der Überwelt nicht. Nur für den, der auf der Suche nach dem Licht eine Verdunkelung seines gewöhnlichen Bewußtseins in Kauf nimmt, beginnen die Sterne des LEBENS zu leuchten.

Auf jeder Stufe seines Werdens bedeutet der Tod für den Menschen etwas anderes.

Auf der ersten Stufe ist ihm der Tod nur das dunkle Schicksal. Er ist der Widersacher des Lebens, gegen den wir uns zur Wehr setzen müssen. Doch so ist er auch der dunkle Hintergrund, auf dem sich alle Lust des Daseins, alles gesicherte und wiedergewonnene Leben hell abzeichnen. Der Tod, der uns ständig begleitet und in jedem Augenblick bedroht – ist auch der ewige Erneuerer unserer Freude am Leben. Das heimliche Wissen um den Tod gibt dem Leben erst seinen Glanz. Über jedem Augenblick, den wir ohne Angst leben, liegt ein Schimmer von Glück, das wir ohne Begleiter Tod nie fühlten.

Auf der zweiten Stufe ist der Tod das Opfer, das wir zu bringen bereit sind, wenn wir den Sinn der zweiten Stufe erfüllen: im Dienst an Mitmensch und Werk. Die Bereitschaft zum Tod im Dienst begründet das Leben im Geiste der zweiten Stufe. Mag auch der physische Tod das höchste der Opfer sein, die der Mensch im Dienste des Lebens zu bringen vermag – im Zeichen der Treue im Dienen wird das ganze Leben zum Opfer im Dienste des Anderen.

Auf der dritten Stufe wird der Tod zur Schwelle auf dem Weg zu einem höheren Leben. Das ist der Sinn des Todes für den zum Weg Erwachten, daß wir in ihm und an ihm das große LEBEN erfahren, das immerzu auf uns wartet, daß wir Medium werden für sein Offenbarwerden in der Welt. Ihm zur Ehre sind wir auch bereit, preiszugeben, was wir auf der ersten Stufe beschützen und auf der zweiten opferbereit bewahren und schaffen. Jetzt ist der Tod der Lehrmeister und Freund auf dem Wege, ist Wegbereiter und Türöffner in ein anderes *Leben* – schon in diesem **Leben**.

Unlösbar von dem Sinn, den man im Leben findet, ist der Sinn, den man dem Tode verleiht. Von außen gesehen ist der

Tod ein Ende, von innen gesehen ein Anfang. In rechter Weise gestorben, ist der Tod das große Lassen: Das sich Loslassen, das sich Einlassen, das sich Eingehenlassen, das sich Einswerdenlassen mit der Fülle des Grundes. Und aus dem Einswerden mit dem Urgrund, der wir im Grund auch selbst sind, steigt, wenn wir es nur zulassen, unser wahres Wesen empor. Eingehen verwandelt sich in Aufgehen. Dunkel in Licht. Preisgabe des Gewordenen im Erstehen des Ungewordenen. Diese Verwandlungsbewegung ist die Grundformel aller wahren Meditation. Erst im Schweigen aller Gedanken und Bilder vernehmen wir die Stimme des Meisters.

Je mehr der Mensch seinem natürlichen Ich erstirbt, desto deutlicher tritt er in seinem wahren Wesen hervor. Je mehr er mit seinem einmaligen eigenen Wesen verschmilzt, um so mehr begegnet er in sich selbst dem *Wesen*, das aller Menschen und Dinge Wesen ist. Wo immer es dem Menschen gelingt, das Ich sterben zu lassen, das um Bleiben besorgt ist, kann er zu einer Fühlung des LEBENS gelangen. Je mehr er, im Lassen seines von der Welt her bedingten Ichs, sich als der individuelle Einmalige findet, kann er das univerale, überindividuelle Leben verspüren. So kann ihm im Tode des Ichs das »*Wesen* aller Dinge«, das LEBEN alles Lebendigen, begegnen. Erst aus dem Einswerden mit ihm kann der Mensch jenes wahre Ich entwickeln, das welt-überlegen und wesensgemäß in der Welt zu kämpfen, zu gestalten und zu lieben vermag.

Die Gültigkeit aller Aussagen über den Tod reichen, wie alle Aussagen über die Wirklichkeit des Menschseins, nur bis an den Horizont des Bewußtseins, aus dem sie kommen. Der Horizont der Wirklichkeit, in deren Mitte das natürliche Ich steht, ist der engste. In ihm ist die Wirklichkeit des Menschseins eingeschränkt auf das, was er fühlt, wahrnimmt und begreift – in seinem Raum und seiner Zeit. Diese Zeit vollzieht sich, erfüllt und erschöpft sich zwischen Geburt und Tod. Was darüber hinausreicht, ist Annahme, Spekulation, Phantasie, Metaphysik, Produkt des Wünschens und Fürchtens. Und das LEBEN, das jenseits ist von Leben und Tod? Ein frommer Glaube, sonst nichts? Nein! Uralte Erfahrung – mehr noch: In tiefster Erfahrung gegründetes, einem erweiterten Bewußtsein entspringendes und in der Überlieferung von Jahrtausenden gefestigtes Wissen um den überzeitlichen göttlichen Grund, Ursprung und Sinn unseres Lebens. Die Erfahrung des LEBENS und das Wissen um das LEBEN ist Inhalt der Erleuchtung aller Zeiten, Quelle der Gotteskünder aller Zeiten, Ziel der Gottesjünger aller Zeiten und immer verbunden dem Tod *des* Lebens, das das LEBEN verbirgt.

Das Ewige, das im Tode aufleuchtet, ist nicht das ewig Dauernde – nicht das ins Endlose fortgesetzte Endliche, sondern eine Wirklichkeit, die senkrecht steht auf aller Endlichkeit, die zwischen einem Anfang und einem Ende eingeklemmt ist. Es ist aber eine Irreführung des Menschen durch den Widersacher des LEBENS, daß er das, was jenseits seiner Endlichkeit ist, nicht wahrnehmen könnte. Das gegenständliche Bewußtsein dient dem Teufel als Schlinge, in der gefangen der Mensch auf das Ernstnehmen dessen beschränkt ist, was er feststellen kann. Leben läßt sich nicht fest-stellen. Aber weil zum Menschen der Abweg des fixierenden Bewußtseins als Umweg zum *Weg* gehört, bedarf es langer Entwicklung, um sich von ihr zu befreien.

Es ist das Verhängnis des Menschen, daß er, in seinem Welt-Ich befangen, seinen doppelten Ursprung vergißt. Der Mensch ist ein Bürger zweier Welten. Er gehört – Kind der Erde – dieser raumzeitlich bedingten und beschränkten Welt an – und ist doch zugleich auch das Himmelskind eines überraumzeitlichen, unbedingten und unbeschränkten Seins. In der Welt seines natürlichen Ichs hat alles einen Anfang und ein Ende. Im Reich seines Wesens gibt es keinen Anfang und kein Ende, keine Geburt und keinen Tod. Alles Leben in dieser Welt hat seinen Tod. Das LEBEN aber, das Große Leben, das in unserem Wesen anwesend ist, ist jenseits von Leben und Tod. Erwachen zum Weg bedeutet, sich des zweifachen Ursprungs erinnern und die verheißungsvoll fordernde Stimme zu hören, die uns zu der Lebensgestalt hinruft, die Himmel und Erde in einem Dritten vereint.

Die Angst vor dem Tod gehört zum Menschen, wie die Liebe zum Leben. Nur wer die Angst vor dem Tod kennt, hat die Chance und ein Anrecht darauf, zu ahnen und zu erfahren, was ihn im Tode an Leben erwartet. Schon das vom Tode bedrohte Leben in dieser Welt, wo leuchtet es heller und beglückender auf als dort, wo der Tod es gestreift hat: in der Genesung von schwerer Krankheit, im Gerettetsein aus großer Gefahr, nach glücklich bestandenem Kampf. – Im Frieden oder im Krieg, nur auf dem dunklen Hintergrund seines Todes entfaltet das natürliche Leben im Erleben des Menschen seinen Glanz. Doch erst im Tode des natürlichen Lebens leuchtet der Glanz des übernatürlichen auf, und nur der drohende Tod bringt im Natürlichen schon das Übernatürliche ans Licht.

Es lebt alle Verwandlung vom Entwerden des Gewordenen. Doch erst, wo das Bewußtsein des Menschen sich über die Grenze erweitert, die ihm in der natürlichen Sicht noch gesetzt ist, kann er etwas von dem Wunder verspüren, das in ihm unentwegt wesend, webend, wirkend wie ein agens am Werk ist, das, selbst jenseits der Zeit, alles Zeitliche wandelt. Nur dort ist man wirklich man selbst, wo – und sei es nur für einen Augenblick – durch alles Gewordene hindurch das Ungewordene des überweltlichen Seins zum Inne-Sein wird, das »Unerschaffene in der Seele« – von dem Meister Ekkehart spricht. Dann ist dort, wo ein Mensch sich, allen doch sichtbar, bewegt, das Unsichtbare am Werk. Es ist das Ungewordene in ihm, das ohne sein Zutun im Entwerden rechtes Werden bewirkt.

Das Tier stirbt nicht wie der Mensch. Es geht ein, es verendet, erlischt. Der Mensch will nicht verenden wie ein Tier. Er möchte bewußt sterben und wehrt sich zugleich gegen den Tod. Er will überhaupt nicht eingehen, will von einem Ende nichts wissen. Er will dauern, überdauern, bleiben. Das ist seine Natur. Es gehört zu seiner Ich-Natur, alles festzustellen, was ihm zu Gesicht kommt und so auch sich selbst in Feststehendem festzuhalten, im Bleibenden zu sichern, im Unwandelbaren zu beruhigen. Alles, was die Stille des Dauernden gefährdet, ist dann der Feind. So auch jede Verwandlung. Aber gerade das ist die Stille des Todes, – wo nichts mehr sich bewegt. Die Stille des Lebens ist dort, wo nichts mehr weitergehende Verwandlung aufhält.

Eines jeden Menschen *Wesen* ist die Weise, in der das LEBEN ihm eingeboren ist als sein *Weg*; eingeboren, eingegeben und aufgegeben, eine Folge zu durchschreitender Stufen als Weg zu einer Lebensgestalt, in der und durch die das LEBEN immer mehr offenbar werden kann im Leben in der Welt. Nur in dem Maße, als er zu seinem Wesen hinfindet und also zu seinem Weg erwacht, kann er in seine Wahrheit kommen. In der Wahrheit seines besonderen Wesens ist sie als eine Weise des LEBENS zugleich d i e Wahrheit in der Sprache seines besonderen Menschseins. Aber die Fülle des Seins kann als Weg, Wahrheit und Leben aus dem Wesen in einem Menschen nur aufgehen, wo seine vom Ursprung losgelöste eigenwillige Ich-Natur eingeht. In ihrem Sterben, im Schmerz ihres Eingehens bereitet das Innewerden des Neuen sich vor.

Uralter Tradition gemäß ist der Mensch in seiner natürlichen Daseinsform die dichtest-mögliche Verschleierung und Verschlüsselung der in Wahrheit von ihm verkörperten Wirklichkeit des Universalen Seins. Es lebt in ihm als geheimer Antrieb, offenbar zu werden, als unauslöschliche Sehnsucht nach etwas ganz Anderem, Weltüberlegenem, als unbegriffener Auftrag zu einem bestimmten Werden und als Ur-Not des Menschen, der, weil er ein Mensch ist, in die »Sonderung« fällt. Er ist vom Ursprung dazu gerufen, das in ihm verkörperte Sein offenbar werden zu lassen in der Weise des Menschen, das heißt mit Bewußtsein und aus Freiheit. Aber er ist in der Kruste, die sein natürliches Ich-Weltbewußtsein erzeugt, daran verhindert. Die ewige Frage lautet: Wie kann er dem in ihm lebendigen Drang des Seins gerecht werden? Wie kann er zu dem Leben gelangen, das er im Grunde seines Wesens ist? Die ewige Antwort lautet: Nur durch Sterben! Nur für den in seinem Welt-Ich Befangenen hat dies einen düsteren Klang. Für den zum Weg Erwachten ist es die natürliche Bedingung für das Werden einer Verfassung, in der das Unbedingte sich durchsetzen kann und so die verheißungsvolle Voraussetzung für die Erfahrung des großen Lichtes.

Wer das LEBEN sucht, das Große Leben, lebend oder sterbend nichts anderes mehr will, als nur in Ihm zu sein und Ihm zu dienen, der sieht im Tod seinen Freund, der ihn von allem befreit, das sich im Dauernwollen dem alles verwandelnden Leben widersetzt. Sterben – das ist die Zeit, in der der Tod, immer am Werk, nun bald am Ziel ist. Es ist die Zeit der Vorbereitung auf die »hohe Zeit« der Einswerdung mit dem LEBEN. Nicht früh genug kann der Mensch sich dessen innewerden, daß diese Zeit immer schon angebrochen ist, daß der Tod insgeheim immer schon sanft am Werk ist, ihn von dieser Welt zu lösen. Der Tod – nicht als der Feind, sondern als der Bruder, der den Menschen über die große Schwelle hinausträgt.

Der Tod, so heißt es, ist der Sünde Sold! Dies bedeutet nicht: Weil Du gesündigt hast, mußt Du sterben. Es bedeutet vielmehr, daß der Mensch, der allein sich »sondert«, sich mit seinem Bewußtsein aus dem Strom ewiger Verwandlung herausstellt und sich mit seinem Bleibewillen dem Gesetz des LEBENS widersetzt, das zu allem Leben gehörende Eingehen als »Tod« empfindet. Weil er, auf Bleiben gerichtet, das Nicht-Endliche sucht, indem er das Endliche verewigt, muß er als Schrecken erfahren, was als »Eingehen« doch zum LEBEN gehört.

Wenn der Mensch, der im Tod erst nur die Sackgasse sieht, in der sein Leben unweigerlich mündet, dann in den ersten Zeichen des Todes die Stimme des LEBENS erkennt, in das der Tod ihn heimholen will, dann kann ihm dies zur »Großen Erfahrung« werden; und er versteht dann vielleicht seine Angst vor dem Tod als Angst vor der Gewalt, mit der im Tode ein größeres Leben, seine Erdenhülle zerreißend, aus ihm hervorbricht.

INHALTSVERZEICHNIS

VORWORT 5
DER RUF NACH DEM MEISTER 9
  I. Durch alle Zeiten 9
    1. Der Meister als Archetyp 9
    2. Mittler zwischen Himmel und Erde 11
    3. Von der Urangst zum initiatischen Wissen 13
    4. Zeitloses Wissen – Die Große Tradition 15
    5. Der Weise und der Meister 17
  II. In unseren Tagen 19
    1. Die Frage 19
    2. Wer fragt nach dem Meister? 20
    3. Wer stellt die Frage? 21
    4. Die den Ruf nach dem Meister
       entbindende Erfahrung 25
    5. Wo sind die Meister? 29

MEISTER – SCHÜLER – WEG 35
  I. Idee und Wirklichkeit des Meisters 35
    1. Der ewige Meister 35
    2. Der innere Meister 39
    3. Der leibhaftige Meister 42
  II. Der Schüler 47
  III. Wie der Meister wirkt 55
    1. Die Lehre 55
    2. Die Weisung 60
    3. Die Strahlung 64
    4. Das Beispiel 65
    5. Der Schock 69
  IV. Das Leben und der Mensch 71
  V. Der Weg 80
  Christus der Meister 95

DIE STIMME DES MEISTERS IM LEBEN 99
I. Die Stimme des Meisters
   in der Begegnung mit dem Leibe 102
   1. Der Leib, der man ist 102
   2. Physiognomisches Sehen 110
   3. Kollektive Überformung 116
   4. Leitbilder 118
   5. Das Exerzitium 122
II. Der Innere Meister in der Stimme der Mitte 126
   1. »La bonne assiette« 126
   2. Die Welt im persönlichen und im sachlichen Aspekt 127
   3. Die drei Grundanliegen des Menschen 132
   4. Die Dreieinheit des Seins als Mitte des Menschen . . 134
   5. Dreierlei Selbstbewußtsein 136
   6. Kindliches Selbstbewußtsein 138
   7. Das Selbstbewußtsein des Welt-Ichs 139
   8. Das Selbstbewußtsein aus dem Wesen 142
   9. Die Mitte: Das im Wesen anwesende Sein 144
   10. Der Weg zur Mitte 145
   11. Die Mitte in der Symbolik des Leibes 152
   12. Das Herz – Die Mitte des Kreuzes 160
III. Die Stimme des Meisters
    in der Begegnung mit dem Tod 165

Die Kapitel des zweiten Teiles »Die Stimme des Meisters im Leben« sind
erweiterte Fassungen folgender Aufsätze:
Der Leib in der Psychotherapie, in »Dialog über den Menschen«, Festschrift für Wilhelm Bitter, Hrsg. Gerhard Zacharias, Ernst Klett-Verlag, Stuttgart 1968
Wann ist der Mensch in seiner Mitte? in »Wirklichkeit der Mitte«, Festgabe für August Vetter, Verlag Karl Alber, Freiburg/München 1968
Über den Tod, in »Alles Lebendige meint den Menschen«, Max Niehans-Gedenkschrift, Hrsg. Irmgard Buck, Francke-Verlag Bern 1972

Im Programm des Otto Wilhelm Barth Verlages sind von
Karlfried Graf Dürckheim lieferbar:

Erlebnis und Wandlung. Grundfragen der Selbstfindung
Hara – Die Erdmitte des Menschen
Japan und die Kultur der Stille
Der Weg, die Wahrheit, das Leben. Gespräche über das Sein
mit Alphonse Goettmann
Wunderbare Katze und andere Zen-Texte
Im Zeichen der großen Erfahrung. Studien zu einer
metaphysischen Anthropologie
Zen und wir

Im Verlag Hans Huber, Bern/Stuttgart:
Durchbruch zum Wesen
Der Alltag als Übung

Im Verlag Herder, Freiburg/Basel/Wien:
Meditieren – Wozu und wie
Vom doppelten Ursprung des Menschen

Im Verlag Martin Lurz, München:
Übung des Leibes auf dem inneren Weg

Im Aurum-Verlag, Freiburg:
Mächtigkeit, Rang und Stufe des Menschen